格局

思路决定出路，格局决定结局

李奕飞　主编

百花洲文艺出版社

图书在版编目（CIP）数据

格局：思路决定出路，格局决定结局／李奕飞主编.
—南昌：百花洲文艺出版社，2018.12
ISBN 978－7－5500－3124－1

Ⅰ.①格… Ⅱ.①李… Ⅲ.①成功心理－通俗读物
Ⅳ.①B848.4－49

中国版本图书馆 CIP 数据核字（2018）第 273816 号

格局：思路决定出路，格局决定结局
李奕飞 主编

出 版 人	姚雪雪
出 品 人	杨建峰
责任编辑	刘 云 叶 姗
美术编辑	松 雪 王 进
制 作	王 进
出版发行	百花洲文艺出版社
社 址	南昌市红谷滩世贸路 898 号博能中心 A 座 20 楼
邮 编	330038
经 销	全国新华书店
印 刷	三河市众誉天成印务有限公司
开 本	880mm×1270mm 1/32 印张 8
版 次	2018 年 12 月第 1 版第 1 次印刷
字 数	196 千字
书 号	ISBN 978－7－5500－3124－1
定 价	29.80 元

赣版权登字 05－2018－515

邮购联系 0791－86895108
网 址 http://www.bhzwy.com
图书若有印装错误，影响阅读，可向承印厂联系调换。

前　言

对那些胸无大志，又不肯学习、不愿付出艰辛劳动，只想投机取巧的人来说不成功倒也罢了，而一些肯吃苦、敢于闯、智商很高又有才能，甚至还占有资金、人际关系等各方面优势的人，奋斗了几年，十几年，甚至几十年，结果也与成功无缘，这就有点使人感到大惑不解了。 实际上，一个人成功的第一要素就是格局。

格局指一个人的眼界、胸襟、思维方式等心理要素的内在布局。 在这些要素中，起关键作用的就是思维方式，也就是指一个人看待事物的思路。 有句话说，穷人的思维是"我能做什么"，富人的思维是"我想达到什么样的目标"。 "能做"是现在的能力，如果你永远只做能力范围之内的事，你永远无法突破；而"我想"首先突破自己的思维局限，目标高了，思路对了，做事的格局就不同，成功的可能性也不同。 哥伦布是 15 世纪的著名航海家，他经历千辛万苦终于发现了新大陆。

对于他的这个重大发现，人们给予了很高的评价和很多荣誉，但也有人对此不以为然，认为这没什么了不起，话语中经常流露出讽刺。

一次，朋友在哥伦布家中做客，谈笑中又提起了哥伦布航海的事情，哥伦布听了，只是淡淡一笑，并不与大家争辩。

他起身来到厨房，拿出一个鸡蛋对大家说："谁能把这个鸡蛋竖起来?"

大家一哄而上，这个试试，那个试试，结果都失败了。

"看我的。"哥伦布轻轻地把鸡蛋一头敲破，鸡蛋就竖立起来了。

"你把鸡蛋敲破了，当然能够竖起来呀!"人们不服气地说。

"现在你们看到我把鸡蛋敲破了，才知道没有什么了不起，"哥伦布意味深长地说，"可是在这之前，你们怎么谁都没有想到呢?"

过去讽刺哥伦布的人，脸一下子变得通红。

在生活中，稍微转换一下思路，想人之所不能想，见人之所不能见，为人之所不能为，就显得智慧高人一筹，成功的道路就宽广了许多。

新思路带来新方法，新方法带来新机遇，新机遇带来新成果。一位在事业上有所建树的企业家曾经讲过："成功说到底是看你如何想，如何来设计人生道路，也就是说一个做人的思路问题。人活在世界上不是做强者就是做弱者。你想做强者，就会为自己找一万个方法来改变、激励自己，勇往直前;你想做弱者，就会为自己找一万个不成功的理由，使自己沉沦下去。"

《格局：思路决定出路，格局决定结局》对人们在人生定位、心态、思维模式、职业发展、做人做事、经商理财、生活习惯等方面存在的重要问题进行剖析，并提出了针对性很强的"思路突破"——谋求发展与成功的正确思路。由此引导广大读者，尤其是青年朋友们，在现实中突破思维方式，克服心理与思想障碍，确立良好的解决问题的思路，把握机遇，灵活机智地处理问题，从而开启成功的人生之门，谱写卓越的人生乐章。

2018 年 8 月

目　录

第二章　你想成为怎样的人:格局拓宽视野

第三章　你具备怎样的性格:格局影响个性

第四章 你在思考什么：格局打开思路

第五章 你的所作所为:格局指引行动

第六章　你的创新能力:格局改变思路

第七章　你如何工作:格局提升效率

第八章 你如何快速致富：格局创造商机

第一章

你如何看自己:格局决定心态

积极心态成就积极的人生

一个人如果心态积极，乐观地面对人生，乐观地接受挑战和应付麻烦事，那他就成功了一半。在生活当中，大部分失败的平庸者主要是由于心态观念没有摆正。每当遇到困难时，他们只是挑选容易的倒退之路。"我不行了，我还是退缩吧"，最终结果是陷入了失败的深渊。成功者遇到困难时，依然保持积极的心态，用"我要！我能！""一定有办法"等积极的意念鼓励自己，于是便想尽一切办法，不断向前进，直到成功的那一天。

纳粹德国某集中营的一位幸存者维克托·弗兰克尔说："无论在何种环境下，人们都还有一种自由，就是来选择自己的态度。"因此，我们可以这样认为，影响我们人生的绝不仅仅是环境，心态控制了个人的行动和思想。同时，心态也决定了自己的视野、事业和成就。仔细观察、比较一下成功者与失败者的心态，尤其是关键时刻的心态，我们将发现心态的不同会导致人生惊人的不同。

有两位年届70岁的老太太，一位认为到了这个年纪可算是人生的尽头，于是便开始料理后事；另一位却认为一个人能做什么事不在于年龄的大小，而在于什么样的想法。于是，她在70岁高龄之际开始学习登山，其中几座还是世界上有名的。就在最近还以95岁高龄登上了日本的富士山，打破攀登此山年龄最高的纪录。她就是著名的胡达·克鲁斯老太太。

70 岁开始学习登山，这乃是一大奇迹。 但奇迹是人创造出来的。 成功人士的首要标志，是他拥有正确的思考问题的方法。 胡达·克鲁斯老太太的壮举正验证了这一点。

可见，一个人能飞多高，并非由人的其他因素，而是由他自己的心态所制约。

那么，如何才能培养积极心态呢？ 可以尝试从以下几个方面做起。

1. 言行举止像你希望成为的人

许多人总是等到自己有了一种积极的感受再去付诸行动，这些人在本末倒置。 积极行动会导致积极思维，而积极思维会导致积极的人生心态。 从一开始就积极行动起来，去努力成为你想成为的人，心态自然也会变得积极起来。

2. 要心怀必胜、积极的想法

当我们开始运用积极的心态并把自己看成成功者时，我们就已经开始走向成功了。

谁想收获成功的人生，谁就要当个好农民。 我们决不能仅仅播下几粒积极乐观的种子，然后指望不劳而获，我们必须不断给这些种子浇水，给幼苗培土施肥。 要是疏忽这些，消极心态的野草就会丛生，夺去土壤的养分，直至庄稼枯死。

3. 用美好的感觉、信心与目标去影响别人

随着你的行动与心态日渐积极，你就会慢慢获得一种美满人生的感觉，信心日增，人生中的目标感也越来越强烈。 紧接着，别人会被你吸引，因为人们总是喜欢跟积极乐观者在一起。 运用别人的

这种积极响应来发展积极的关系，同时帮助别人获得这种积极态度。

4. 使你遇到的每一个人都感到自己重要、被需要

每个人都有一种欲望，即感觉到自己的重要性，以及别人对他的需要与感激。 这是我们普通人的自我意识的核心。 如果你能满足别人心中的这一欲望，他们就会对你抱积极的态度。 正如美国19世纪哲学家兼诗人拉尔夫·沃尔都·爱默生所说："人生最美丽的补偿之一，就是人们真诚地帮助别人之后，同时也帮助了自己。"

做到以上几点并不很难，关键在于你是否想做和能否坚持下去。 我们知道，成功人士与失败者之间的最大差别就是：成功人士始终用最积极的思考、最乐观的精神支配和控制自己的人生。 失败者则刚好相反，他们的人生是受过去的种种失败与疑虑所引导支配的。 说到底，如何看待人生、把握人生，由我们自己的态度决定。

抱怨命运不如摆正心态

面对生活中的种种不如意，如果你不能摆正心态，那么就只能怨天尤人，自己跟自己过不去。其实，没有人对不起你，而真正对不起你的是你自己的心。

1. 不要盲目抱怨命运

很多人都习惯于把自己的失败和生活中的不如意归结于自己的命不好。事实上，不是他们的命运不好，而是消极的心态影响了他们。英国著名文学家狄更斯就曾说："一种健康的心态，比一百种智慧更具力量。"这句不朽的名言告诉我们这样一个真理：有什么样的心态，就有什么样的人生。同一件事情由不同心态的两个人去做，其结果必然相反。所以，与其抱怨命运，不如把自己的心态调整到积极的一面。

我们每个人每天都会遇到很多事情，这些事情有好有坏。碰上坏事情，一些人的心情也随着变得糟糕起来。其实，这是没有必要的，因为凡事都有好的一面，这就要看你用什么样的心态去对待它。

有一个人从一棵椰子树下经过，一只猴子从上面丢下来一个椰子，正好打中了他的头。这人摸了摸肿起来的头，然后把椰子捡起来，喝椰汁，吃果肉，最后还用外壳做了一只碗。

假如猴子丢下的那个椰子打中的是你的头，你会用什么样的态度来对待这个"意外的打击"呢？如果是怨恨，是咒骂，那么不但无济于事，反而还会使你的心情变得更糟糕；如果你选择了积极的心态，就像故事中的那个人一样，只是摸了摸头上的肿块，然后捡起椰子，饶有兴致地吃掉果肉，并把椰壳做成一只碗。这时你也有可能因心情的变好而感谢那只猴子、头上的肿块和椰子。因为如果没有这一切，或许你就无法解决旅途中的寂寞和无聊。

　　小王和小江同时被公司解雇了，这如同晴天霹雳。小王在找不到其他工作时，干脆自己做起了小生意。这是他第一次当老板，做自己以前并不想做，也不熟悉的事。虽然面临很多的困难，但小王却突然觉得生活更有意义，更具有挑战性，并认为这一切都是"晴天霹雳"带来的好处。

　　面对失业，小江却选择了沮丧、颓废，他不愿重新去找工作，也不愿像小王那样自谋生路，而是一味地怨天尤人，终日咒骂上苍的不公平。

　　若干年后，小王和小江在大街上相遇了。这时的小王作为一个施舍者，向街边一个衣衫褴褛的乞丐递过去 10 块钱，而那个伸着双手，跪在地上的乞丐正是当年的小江。

当初同样的境遇，两人面对"晴天霹雳"的不同心态，才造就他们今天的天壤之别。

　　因此，当灾难突然降临，你与其以消极的心态待之，不如以积极的心态去化解。当你以健康、积极的心态去化解灾难时，你就有可能从中得到更大的益处。这难道不是人生中的另一番收获吗？

　　一个人如果心态积极，乐观地面对人生，乐观地接受挑战，那他就成功了一半。成功者活得充实、自在、潇洒；失败者过得空虚、艰难、落破。

2. 世界上没有绝对幸运的人

生活中，有的人总认为自己是不幸的人，没有在福利优厚的单位工作，没有做高官的父母，没有学习成绩永远第一的孩子……其实，这世界上没有绝对幸运的人。换句话说，幸与不幸是没有标准的，它只是一种心态——无论在什么情况下，只要你觉得自己是幸运的，那么你就是幸运的。

反过来，遭受一点厄运就马上大呼不幸，那也只能让你感觉自己更加不幸。如果你把一点点的不幸置于显微镜下面，并且长时间地看着，你甚至会被自己看到的一切吓倒。不幸的感觉就会把你带进绝望的深渊而不可自拔。

一次，一位将军率船队在海上航行，途中遇上了暴风雨。一名士兵因是第一次乘船，所以吓得不停地狂呼乱叫，大哭不止，让船上的人几乎都受不了。因为这让本来并不担心的人们开始感到了恐惧，将军气恼地想下令把这名士兵关起来。

这时将军身旁的一位校官说："不要关他，让我来处理。我想我可以使他马上安静下来。"校官随即命令水手将那位士兵绑起来，丢入海中。那个可怜的家伙一被丢下海，手脚乱舞，狂呼救命。过了几分钟，校官才叫人把他拉上船来。

回到船上后，刚才还歇斯底里不停大叫的士兵，静静地待在船舱一角，半点声音也没有。将军好奇地问这个校官何以会如此？校官说："在情况转变得更加恶劣之前，人们很难体会自身是多么的幸运。"

显然，这位校官是位高明的逻辑学家，在他的手中，幸运就像球拍，而不幸则是球——只有"幸运的球拍"才能将"不幸的球"狠狠打出去。 这种逻辑又像大海中一个落难的人，海难是不幸的，但怀中的救生圈却让他感到自己是多么幸运，至于漂到哪里，甚至漂多久都不是问题，因为幸运永远在他怀中——他不会因为方位、距离的变化而失去救生圈。 所以，即使遭遇海难，他也并不认为自己是不幸的，怀中的救生圈让他相信自己一定会获救。

　　从心理学的角度讲，无论你陷入什么样的艰难境地，都要想到，还有比这更不幸的，相比之下，我已经够幸运了。

　　如果总将自己置于幸运的基点上，会使你永远保持积极的、向上的心态。 而积极心态是成功的动力。 如果将大海比作死亡或地狱，对于故事中那位惊恐万状的士兵而言，他无疑是到"地狱"走了一遭——如此"大难不死"的经历，让他觉得这世界已没什么可怕的事了，觉得回到船上是无比幸运的。 由此可见，不幸也能给人带来好处，这就要看你用什么样的心态来看待它。

　　从辩证的角度讲，幸运中隐藏着不幸，而不幸中往往会产生令人羡慕的幸运者。 古人有"祸兮，福之所倚；福兮，祸之所伏"的说法，正是此意。

　　道理非常简单，过多的幸运只会让一个人意志逐渐薄弱，根本经不起不幸的打击，一旦遭遇波折，只能怨天尤人。

　　不幸对于幸运儿而言无疑是灭顶之灾，无力抗拒。 因为幸运儿习惯了幸运，在他们的生活中，只有一帆风顺、心想事成。 他们就像温室中的花朵，失去了抗击风雨的能力。 而不幸对于那些经常遭受不幸折磨的人来说更是家常便饭，常吃这种"不幸饭"的人，意志品质都是超强的。 他们清楚地知道，人生不是风调雨顺的，幸运只是偶尔光临。 一个过早透支了幸运的人剩下的无疑是更多的不幸。 这其中自有道理：因为你几乎经不起不幸的打击，一旦被击倒，你这个没经过不幸的"魔鬼训练营"调教的人就很难爬起。 如此一来，更多的不幸就会劈头盖脸地砸下来。 有时候，甚至别人看来不过是个小小的沟坎，也会成为你生活中难以逾越的高山。

失败的不幸像多米诺骨牌，一旦倒下便不可收拾；成功的幸运却似流星陨石，轻易落不到你脚下。 一个聪明的、有远见的人，一定会懂得正确对待幸运与不幸。

3. 只会抱怨最终伤害的是自己

在生活中，人总是会有顺境，也有逆境，人的一生有巅峰，也会有低谷。 每个人都希望自己被人重视、受人尊重、得到大家的欢迎，但有时又难免会被人嘲弄、受人侮辱、遭到别人的排挤。 生活在给了我们快乐的同时，也给了我们数不清的失落和伤心，真正的人生需要磨炼，面对这些不如意，如果只是一味地抱怨、生气，那么就注定了你永远是个弱者，而真正的强者是及时调整心态，学会坚强，积极向上，让自己做得更好，这样才能使自己的人生过得更快乐更充实，正如人们常说的把怨气变为争气，给自己足够的底气。

难听的话像一把锐利的剑，可以直接刺穿你的心脏，不过你也可以在它刺向你的时候伸手握住它，使它成为你的利器。 有的人能够很坦然地面对这一切，表面上不动声色，暗地里鼓足了劲儿，发誓有一天要让别人大吃一惊；有的人却整天为一点小事火上心头，甚至悲观丧气，怨天尤人，结果只能让别人更加看不起自己。

换个角度想想，如果我们自己足够优秀，会得到别人的嘲讽吗？为什么不能坦然地面对这一切呢？俗话说：不蒸馒头争口气。 让自己快乐起来的最好方法就是为自己打气，让自己做得更好。 当我们走过一个个困境时，我们就会发现自己变得更强大了，懂得的也更多了。

只有愚蠢的人才会一味地沉迷于生气，聪明的人会想尽一切办法争气！一个人最重要的是要学会让自己强大起来，而不是想着怎样去计较一些鸡毛蒜皮的小事，这样最终伤害的是自己。

对一般人而言，由生气转为去争气想到很容易，但做到却很难。这中间往往有一条很多人逾越不了的鸿沟，这就是他们缺少一种坚强的意志与坚韧不拔的毅力。

面对人生的烦恼与挫折，人最重要的是摆正自己的心态，积极地面对一切。一味地抱怨与生气，最终受伤的只有自己。越是逆境之中，越要保持良好的心态，生气并没有用，只有为自己赌口气，自己争气，这才是唯一的出路。

现实生活中，人人都在忙碌，忙工作，忙学习，有些人做起事来如鱼得水，游刃有余，而有些人却四处碰壁，乱发脾气，不仅搞得自己心情不佳，也让周围的人跟着遭殃。更何况发脾气只能证明自己的能力有限，这又是何苦呢？静下心来想一想，为什么只有我一个人这么不如意呢？想一想那些有成就的人吧，他们是不是遇到了问题也一样气急败坏，怨气冲天，指责这世道的不公呢？既然他们取得了一定的成就，就自然有一套成功解决问题的好办法。他们遇到了困难总是能够沉着冷静，想办法去解决，从不埋怨，更不会把责任推到别人的身上。你无法改变别人，但是完全可以改变自己。假如你把发怨气的时间用来发展自己，强大自己，暗暗地争口气，等到出成绩的时候别人自然就会对你刮目相看了。

阿光今年刚从大学毕业，他学的是英文，自认为无论是听、说、读、写，对他来说都只是雕虫小技。

由于他对自己的英文能力相当自信，因此寄了很多英文简历到一些外资公司去应聘，他认为英文人才是就业市场中的绩优股，肯定人人抢着要。

　　然而，一个星期又一个星期过去了，阿光投递出去的应聘简历却了无回音，犹如石沉大海一般。

　　阿光的心情开始忐忑不安，此时，他却收到了其中一家公司的来信，信里写道："虽然你认为自己的英文水平较高，但是从你写的简历看来，你的英文写作能力很差，大概只有高中生的水平，连一些常用的文法也错误百出。"

　　阿光看了这封信后，气得火冒三丈，自己好歹也是个大学毕业生，别人怎么可以将自己批评得一文不值呢？阿光越想越气，于是提起笔来，打算写一封回信，把对方痛骂一番，以消除自己的怨气。

　　不过，在阿光下笔之际，却忽然想到，别人不可能会无缘无故写信批评自己，也许自己真的是太过于自以为是，犯了一些没有察觉的错误。

　　后来，阿光的怒气渐渐平息，又自我反省了一番，并且还写了一封感谢信给这家公司，谢谢他们指出了自己的不足之处，用字遣词诚恳真挚，把自己的感激之情表露无遗。

　　几天后，阿光再次收到这家公司寄来的信函，他被这家公司录用了！

　　证严法师曾说："一般人常说，要争一口气，其实，真正有功夫的人，是把这口气咽下去"。

心态平衡才能远离烦恼

在现实生活中，很多人的内心世界或多或少都有一些不平衡心理。 某人升了官，某人赚了钱，某人买了车，某人买了别墅……你觉得自己原本比别人强，却不如别人风光体面！只要一对比，就会产生不平衡的心理，而这种不平衡的心理又驱使你去追求一种新的平衡，如此反复，身心就会处于一种失控的状态中。 一个人如果连自己的心态都控制不了，那他的人生也必将摇摆不定，也注定将与快乐无缘。

费希特年轻时，曾去拜访大名鼎鼎的哲学大师康德，想向他讨教。不料，康德对他很冷漠，并严词拒绝了他。

费希特失去了一次机会，但他并没有因此而深受影响，既不灰心丧气，也不怨天尤人，而是从自己身上寻找原因。他心想，自己没有成果，两手空空，大哲学家当然怕打搅，自己为什么不先拿出一些成果来呢？

于是，费希特埋头苦学，完成了一篇《天启的批判》的论文，呈献给康德，并附上一封信，信中说：我是为了拜见自己最崇拜的大哲学家而来的。但仔细一想，对本身是否有这种资格都未审慎考虑，感到万分抱歉！虽然我也可以索求其他名人的信函介绍，但我决心毛遂自荐，这篇论文就是我自己的介绍信。

康德细读了费希特的论文后，不禁拍案叫绝。他为其才华和独特的求学方式所震动，便决定"录取"费希特，并亲笔写了一封热情洋溢的回信，邀请费希特来一起探讨哲理。费希特也获得了宝贵的机会，后来他也成为德国著名的教育家和哲学家。

可见，懂得平衡自己心态的人，其烦恼总比别人少，而收获总比别人多。

要知道，这个世界上没有绝对公平的人和事，有时候不管你怎么努力，幸运之神都不会降临到你身上。因此，有的人心中就会有这样的疑问：为什么好人总是多难？为什么坏人总是逍遥？为什么付出努力的人却没有收获？为什么不曾付出的人却能坐享其成？难道生活真的就这么不公平吗？

1963 年，一位名叫玛莉·班尼的女孩写信给《芝加哥先驱论坛报》，因为她实在搞不明白，为什么她帮妈妈把烤好的甜饼送到餐桌上，得到的只是一句"好孩子"的夸奖，而那个什么都不干，只知捣蛋的戴维——她的弟弟，得到的却是一块甜饼。她想问一问无所不知的西勒·库斯特先生，上帝真的公平吗？为什么她在家和学校常看到一些像她这样的好孩子被上帝遗忘了？

西勒·库斯特是《芝加哥先驱论坛报》儿童版《你说我说》栏目的主持人，十多年来，孩子们有关"上帝为什么不奖赏好人，为什么不惩罚坏人"之类的来信，他收了不下上千封。每次拆阅这样的信件，他心里都非常沉重，但他不知该怎么回答这样的提问。

正当他对玛莉小姑娘的来信不知如何是好时，一位朋友邀请他参加婚礼。也许他一生都该感谢这次婚礼，因为就是在这次婚礼上，他找到了问题的答案，并且这个答案让他一夜之间名扬天下。

西勒·库斯特是这样回忆那场婚礼的：牧师主持完订婚仪式，新娘和新郎互赠戒指，也许是他们完全沉浸在幸福之中，也许是两人过于激动，总之，在他们互赠戒指时，两人都阴差阳错地把戒指戴在了对方的右手上。牧师看到这一情景，幽默地说了一句话：右手已经够完美了，我想你们最好还是用它来装扮左手吧。西勒·库斯特说：正是牧师的这一句话，让我茅塞顿开。

右手本身就非常完美了，没有必要把饰物再戴在右手上。同样，那些有道德的人，之所以常常被忽略，不就是因为他们已经非常完美了吗？后来，西勒·库斯特得出结论：上帝让右手成为右手，就是对右手的最高奖赏；同样，上帝让善人成为善人，也就是对善人的最高奖赏。

西勒·库斯特发现这一真理后，兴奋不已，他以《上帝让你成为一个好孩子，就是对你的最高奖赏》为题，立即给玛莉·班尼回了一封信，这封信在《芝加哥先驱论坛报》刊登之后，在不长的时间内，被美国及欧洲1000多家报刊转载，并且每年的儿童节，他们都要将这封信重新刊载一次。

每个人都是自然界创造的奇迹，对自己的境遇应尽量抱持平和的心态，以感恩的心去充满热情地生活，不要再要求得到其他什么回报，生活本身就是最高的奖赏。

盲目攀比让你与快乐无缘

人世间，有的人家财万贯、锦衣玉食；有的人仓无余粮、柜无盈币；有的人权倾一时，呼风唤雨；有的人抬轿推车、谨言慎行；有的人豪宅、香车、娇妻美妾；有的人丑妻、薄地、破棉衣……一样的生命不一样的生活，常让我们心中生出许多感慨。

看到人家结婚，车如龙，花似海，浩浩荡荡，又体面，又气派。想想当年自己，几斤水果几斤糖，糊里糊涂就和自己的男人圆了房，心里就屈。

看到人家暮有进步，朝有提拔，今日酒吧，明日茶楼，而自己却是滴水穿石，总在原地，猫在家里，像只冬眠的熊，心里就酸。

看到人家逢年过节，送礼者踏破门槛、挤裂墙，而自家却是"西线无战事""顿河静悄悄"，心里就妒。

看到人家儿成龙，女成凤，而自家小子又倔又犟没出息，心里就怨……

看看别人，比比自己，生活往往就在这比来比去中，比出了怨恨，比出了愁闷，比掉了自己本应有的一份好心情。

攀比，或许是人的一种天性，联想的天性。一个人有思维，必定有思想。看到人家好，人家强，凡夫俗子，哪个不心动？就算是得道高僧，也要三声"阿弥陀佛"，才能镇住自己的欲望和邪念。生活的差别无处不在，而攀比之心又是难以克服，这往往给人生的快乐打了不少折扣。但是，假如我们能换一种思维模式，别专拣自己的弱项、劣势去比人家的强项、优势，比得自己一无是处，反而会潇洒些。要把眼光放低一点，学会俯视，多往下比一比，生活想必会多一份快乐，多一份满足。 正如一首诗中所写："他人骑大马，我独跨驴子，回顾担柴汉，心头轻些儿"。 再说骑大马的感觉也并不一定就是你想象的那么好，也许跨着驴子，优哉游哉，尚能领略一路风光，更感悠闲、自在。

再说，理性地分析生活，我们也会发现，其实，终其一生，生活对每一个人都是公平的、公正的，没有偏袒。 认识是一个由起点到终点，短暂而漫长的过程，在这个过程中每个人所拥有和承受的喜怒哀乐、爱恨情仇都是一样的、相等的。 这既是自然赋予生命的规律，也是生活赋予人生的规律，只不过我们享用、消受的方式不同，这不同的方式，便演绎出不同的人生。 于是，有的人先苦后甜；有的人先甜后苦；有的人大喜大悲，有起有落；有的人安顺平和无惊无险；有的人家庭不和，但官运亨通；有的人夫妻恩爱，却事业受挫；有的人财路兴旺，但人气不盛；有的人俊美娇艳，却才疏德亏；有的人智慧超群，可相貌不恭，正如古人说"佳人而美姿容，才子而工著作，断不能永年者，匪独为造物之所忌"。 人间没有永远的赢家，也没有永远的输家，这一如自然界中常青之树无花，艳丽之花无果。

俗话说：宫殿里有悲哭，茅屋里有笑声。 只是，平时生活中无论是别人展示的，还是我们关注的，总是风光的一面，得意的一面，这就像女人的脸，出门的时候个个都描眉画眼，涂脂抹粉，光鲜亮丽，这全都是给别人看的。 回到家后，一个个都素面朝天，这就难怪男人们感叹：老婆还是别人的好。 于是，站在城里，向往城外，而一旦走出围城，才发现生活其实都是一样的。

某机关有一位小公务员，过着安分守己的平静生活。有一天，他接到一位中学同学的聚会电话。十多年未见，小公务员带着重逢的喜悦前往赴会。昔日的老同学经商有道，住着豪宅，开着名车，一副成功者的派头。这位公务员重返机关上班，好像变了一个人，整天唉声叹气，逢人便诉说心中的烦恼。

"这小子，考试老不及格，凭什么有那么多钱？"他说。

"我们的薪水虽然无法和富豪相比，但不也够花了吗？"他的同事安慰说。

"够花？我的薪水攒一辈子也买不起一辆奔驰车。"公务员心痛地跳了起来。

"我们是坐办公室的，有钱我也犯不着买车。"他的同事看得很开。但这位小公务员却终日都郁郁寡欢，后来得了重病，卧床不起。

攀比是一把刺向自己心灵深处的利剑，对人对己毫无益处，伤害的只是自己的快乐和幸福。其实人比人并不会气死人，如果可以客观地比较的话，结果肯定是比上不足，比下有余。对于任何一个人来说，都是如此。而会气死人的，只是因为自己拿自己的缺点跟别人的优点比较，却忽略了自己的优点，比别人差的地方看得很重，比别人好的地方觉得很普通，甚至忽略。有人会说，人怎么可以跟比自己差的人比呢？要比，当然是跟比自己好的人比了。这句话听起来是很积极的心态啊，好像是在向好的学习啊，看到不足，然后加以改善，不好吗？当然，如果是这样的心态的话，当然是很好，但问题是，往往自己看到别人好的地方之后，并不是开始好好学习和努力，而是不断地埋怨自己，甚至认为自己一无是处。

人比人并不要紧，看到别人的优点可以去学习，但是这不应该是自卑和烦恼的理由。事实上，人比人而生气的人，往往是因为自身的性格和心理上的问题，使自己产生了自卑的心态。

不要自找烦恼与痛苦

有一位哲人曾说："假使你每天担忧一回，那么一生便要损失好几年。有什么能改善的，那么就尽力而为之。锻炼你自己，不要忧愁，因为忧愁于事无补"。的确，忧愁只是白白浪费我们的时间而已，如同把许多好的东西扔掉一样。然而，忧愁还是像魔鬼一样附在许多人身上，使他们寝食难安，终日闷闷不乐，但这些人却总是习惯把自己的不快乐甚至是痛苦看作是命运对自己的不公平，却从没反省过自己，这些痛苦和忧愁是他自找的，而不是外界强加在他身上的。

乐观本身就是一种成功，因为它表示你拥有健康的心灵，活得快乐潇洒，活得心安理得。

同一件事情，乐观者凡事往好处想，而悲观者凡事往坏处想，两者的结果是完全不同的。

一次，电视转播音乐大师梅达的音乐会。梅达出场前被挂了一个花环。当他上台起劲地指挥乐队时，花瓣纷纷落到脚下。

"等他指挥完，"一位女士议论说，"他会站在一堆可爱的花瓣之中。"

"到完的时候，"男士有点忧伤，"他颈上只会挂着一道绳索。"

面对同样的事情，看法各不相同。显然，前者的乐观比后者的阴郁更容易让人奋进。

虽然生活中不尽如人意的事情很多，但是，我们仍应该以乐观的态度去看待，这样生活中就会少一分忧虑，多一分开心。

杰里是个饭店经理，他的心态总是很乐观，当有人问他近况如何时，他总是回答："我快乐无比"。

如果哪位同事心态不好，他就会告诉对方怎么去选择事物的正面。他说："每天早上。我一醒来就对自己说，杰里，你今天有两种选择，你可以选择心情愉快，也可以选择心情不好。我选择心情愉快。每次有坏事情发生，你可以选择成为一个受害者，也可以选择从中学些东西。我选择后者。人生充满选择，你要选择如何去面对各种处境。归根结底，你要自己选择如何面对人生。"

有一天，杰里忘记了关后门，被3个持枪的歹徒拦住了，歹徒朝他开了枪。

幸运的是事情发现得早，杰里被送进了急诊室。经过18个小时的抢救和几个星期的精心治疗，杰里出院了，只是仍有小部分弹片留在他体内。

6个月后，他的一位朋友见到了他。朋友问他近况如何，他说："我快乐无比。想不想看看我的伤疤？"朋友看了伤疤，然后问当时他想了些什么。杰里答道："当我躺在地上时，我对自己说有两个选择：一是死，一是活。我选择了活。医护人员都很好，他们告诉我我会好的。但在他们把我推进急诊室后，我从他们的眼中读到了'他是个死人'。我知道我需要采取一些行动。"

"你采取了什么行动?"朋友问。

　　杰里说:"有个护士大声问我有没有对什么东西过敏。我马上回答:'有的'。这时,所有的医生、护士都停下来等我说下去。我深深吸了一口气,然后大声吼道:'子弹!'在一片大笑声中,我又说道:'请把我当活人来医,而不是死人。'"杰里就这样活下来了。

　　这个故事要告诉我们的就是:人生充满了选择,当你选择积极的心态时,就是选择了光明的前程和美好的未来。

让自己活得更充实

没有希望的人，就像没有舵手的船，这艘船只会在大海中漂泊，但不会到达彼岸。 人活着，除了需要阳光、空气、水和食物外，还需要心存美好的期盼。 美好的期盼是催促人向前的动力，也是生命存在的最主要的激励因素。

据说在鲁西南有个小村子，出了不少大学生，四邻八乡的人都把这个村子叫"大学村"。这个村子广出人才，原因何在？记者去采访，可是村子里谁也说不清楚。要说知道其中原因的只有一个人，那就是最早在这里教书的老师。这位老师曾在大学里教过书，后来不知何故被下放到这个村子里来教小娃娃。

村子里的人说，这位老师不但书教得好，还能掐会算，预测学生的未来。原来，有的学生回到家里对大人说，老师说我将来能当作家；有的学生对大人说，老师说我将来能当科学家。不久，家长们发现他们的孩子与以前大不一样，个个变得勤奋好学了。10年后，奇迹发生了。这些学生到了参加高考的时候，凡是过去说自己将来能当作家、能当科学家的学生，都以优异的成绩考上了大学。

这位教师退休时，又将自己的秘密传授给接他班的老师，接他班的老师又用这个方法来点燃孩子们心中的希望之火。哈佛大学最杰出的心理学教授威廉·詹姆士说："不管什么事情，只要满怀希望就会成功。你真诚地希望某种结果，就可能得到它。你希望行为善良，你便会为人善良；你如果想富有，你就会富起来；你希望博学，你就将会博学。"有什么样的美好期盼，就有什么样的人生。当一个人满怀期盼时，才能充分发挥自己的潜能，他的人生才会有惊人的闪光，那些不可能的事，也才会陆续地变成可能。

生命的本身就是由一连串美好的期盼组成的，包括对健康、学业、事业、财富、婚姻、交友的希望等等。就拿健康来说吧，有的人跑遍了大医院都治不好的病，而通过扭秧歌、吼秦腔不医自愈，这就是希望产生的神奇力量。

一位大西北的老乡，5年前医院诊断他患有癌症，据医生说他的生命期限最多是6个月，他从医院回来，茶不思，饭不想，心里痛苦了好一阵子。后来一想，既然病已经得下了，发愁害怕也没用，还不如想吃就吃，想唱就唱，想扭就扭，痛痛快快地活上6个月。

从此，他每天早上去公园扭秧歌，晚上又到渠坝上吼几段秦腔，天天如此，雷打不动。过了半年，他不但活得好好的，还觉得疼痛减轻了许多。3年后又到北京检查，医生诊断他的癌症消失了。这个真实的事例再次证明：生命之火能为神奇的希望而燃烧。人有了美好的期盼，生命就会变得强劲起来，能使病入膏肓的人起死回生。一个人无论得了什么绝症，只要有一口气，就没有丝毫理由绝望。

人常说，患癌症是发生在我们身上最倒霉的事。其实，没有希望地活着，那才是最坏的事情。

在美国一家医院里，有位患癌症的大老板已经病入膏肓。家人为他请来一位很有名气的教授。教授想用心理疗法来给他治疗，便问病人："先生，你想吃点什么？"病人摇摇头。教授又问："先生，你喜欢听音乐吗？"病人又摇了摇头。教授接着又问："那么你对听故事、说笑话，或者是交女朋友，有没有兴趣？"病人用一种极其微弱的声音回答道："没有兴趣。"教授想继续问下去，可家人在一边赶紧说："教授，没有用，他健康时都没有什么爱好，就甭说是现在这个样子了。"

教授听了之后，神情一下子忧郁起来，他叹了口气，转身走出病房。家人追了出来很担心地问："教授，是不是不好救了？"教授说："我医治过成千上万的病人，每次我都是全力以赴，但这个病人我是彻底没办法了，因为他是一个失去希望的人，对生活没有什么留恋，也不会有信心活下去的，再好的医生也治不好他的病。"不久这位大老板便离开了人世。这位老板有豪华的别墅，有高级轿车、汽艇，有花不完的美元，他应有尽有，可就是缺少了一样——美好的期盼。

人的美好一生，是由一天接一天的希望日子所组成。在日常生活中，有些人常常认为：天天做同样的事，上学——放学；上班——下班。今天是昨天的翻版，今年又是去年的重复，觉得日子过得太平凡，太单调，太没意思。 产生这种想法和感觉的原因是缺少美好期盼。 如果每天能给自己一个美好的期盼，你就会觉得每一天都是新的开始，每天的学习、工作就不再是单调乏味的重复，而是量的积累、成功的前奏。 人有了希望，就觉得这一天活得很愉快，活得很充实，活得有意义。 日常生活中的小小期待，小小盼望，都孕育着希望。 别小瞧这些微不足道的小期盼，只要有意义，都是美好的，都值得去努力，去实现。

克服浮躁的心态

浮躁是一种负面心态，乃轻浮急躁之意。一个人如果有轻浮急躁的心态，是什么事情也干不成的。在现实生活中，常有人犯浮躁的毛病。他们做事情往往既无准备，又无计划，只凭脑子一热、兴头一来就动手去干。他们不是循序渐进地稳步向前，而是恨不得一锹挖成一眼井，一口吃成胖子。结果呢？必然是事与愿违，欲速不达。

《孟子·公孙丑上》有则寓言，说的是宋国有个人，为了让自己田里的禾苗长得快一些，就下到田里把禾苗一棵棵地往上拔。拔完回到家，他对家人说："今天累坏了，我帮助田里的禾苗长高了。"他的儿子听后，忙到田里去看，只见田里的禾苗全都枯萎了。今天用来比喻强求速成反而坏事的成语"揠苗助长"就源于这个故事。

植物生长必须依赖一系列条件，比如：要有适宜的温度，要有适量的水肥，还要有足够的生长时间等。那个浮躁的宋国人急于求成，违反了植物的生长规律，费了半天力气，却把事情办坏了。

在现代社会里，也有这样的人，他们看到一部文学作品在社会上引起强烈反响，就想学习文学创作；看到电脑专业在科研中应用广泛，就想学习电脑技术；看到外语在对外交往中起重要作用，又想学习外语……由于他们对学习的长期性、艰苦性缺乏应有的认识和思想准备，只想"速成"，一旦遇到困难，便失去信心，打退堂鼓，最后哪一门也没学成。这种情况与明代边贡《曾尚子》一诗里的描述非常相似："少年学书复学剑，老大蹉跎双鬓白"。这是讲有的年轻人刚要坐下学习书本知识，又要去学习击剑。如此浮躁，时光匆匆溜掉，到头来只落得个一事无成。

浮躁的人自我控制力差，容易发火，不但影响学习和事业，还影响人际关系和身心健康，其害处可谓大矣，故应该力戒浮躁。

可是，说来容易做来难，我们怎样才能戒除浮躁呢？大家都知道，轻浮急躁和稳重冷静是相对的。因此，要戒掉浮躁之心就必须首先培养稳重的气质和精神。

稳重冷静是一个人思想修养、精神状态很好的标记。一个人只有保持冷静的心态才能思考问题，才能在纷繁复杂的大千世界中站得高、看得远，才能使自己的思维闪烁出智慧的光辉。诸葛亮讲的"非宁静无以致远"就是这个意思。我们如能把"宁静以致远"作为自己的座右铭，就会有助于克服浮躁的缺点。

另外，稳重冷静还是事业上成功的一个重要条件。据《左传》记载，鲁庄公十年，弱小的鲁国在长勺打败了强大的齐国。两军对阵时，齐军战鼓刚响，鲁庄公就要迎战，被曹刿阻止。直到齐军擂第三通战鼓，曹刿才同意出击。齐败退后，鲁庄公急忙要率军追击，又被曹刿阻止，曹刿在战场做了一番观察，才说："可矣。"事后，曹刿对鲁庄公说："夫战，勇气也。一鼓作气，再而衰，三而竭。彼竭我盈，故克之。夫大国，难测也，惧有伏焉。吾视其辙乱，望其旗靡，故逐之。"由于曹刿稳重冷静，善于思考，鲁军才能在齐军士气丧失而自己士气正旺的情况下发起攻击，才能在齐军确是溃逃而没有埋伏的情况下乘胜追奸，从而创造了历史上以弱胜强的一个典型战例。

在《荀子·劝学》中有一段发人深省的话："蚓无爪牙之利，筋骨之强。上食埃土，下饮黄泉，用心一也。蟹六跪而二螯，非蛇鳝之穴无可寄托者，用心躁也"。蟹有六条腿(实际上是八条腿)

和两蟹钳，自身条件比蚯蚓强得多。但由于浮躁，如果没有蛇和鳝的洞穴就无处寄身。可见，只要心恒志专，即使自身条件差，也能有所成就；反之，自身条件再好，性情浮躁，也将一事无成。

"涓流积至沧溟水，拳石垒成泰华岑。"这一出自宋代陆九渊《鹅湖和教授兄韵》的诗句告诉人们：涓涓细流汇聚起来，就能形成苍茫大海；拳头大的石头累积起来，就能形成泰山和华山那样的巍巍高山。只要我们勤勉努力，脚踏实地，持之以恒，不论自身条件与客观条件如何，都能走上成才创业之路。

要想远离浮躁，还要学会挡住诱惑。现代社会，成功的比例明显增大。这本是好事，可以鼓舞许多人不甘落后的进取心，但同时也会使人们产生盲目的攀比心理，眼红心动，沦于浮躁，再也坐不住了。他们不问别人成功背后的艰辛，只看别人令人羡慕的结果，于是自己也做起了心想事成的美梦，陷入了这山望着那山高的误区。在他们看来，自己的能力不比别人差，吃的苦不比别人少，而待遇、荣誉、地位却样样不如人，实在委屈了自己。实际上，别人能够做到的，当然不是说这些人就一定不行，但要赶上别人甚或超过别人，有一个前提条件，那就是首先必须远离浮躁。人贵有自知之明，只有冷静地分析自己的长处和短处，劣势和优势，有利条件和不利条件，然后立足现实，确定目标，制定措施，付诸实践，才有成功的可能。

中国近代学者王国维在他的《人间词话》一书中谈到，古往今来，凡能成就大事业、大学问的人，无不经过读书的三种境界：第一种境界，"昨夜西风凋碧树，独上高楼，望尽天涯路"，是说必须站得高，看得远，选定自己的奋斗目标。第二种境界，"衣带渐宽终不悔，为伊消得人憔悴"，是说一个人在认定自己的目标之后，就要刻苦学习，为实现自己的目标奋力拼搏，即使衣带宽了，人变瘦了，也始终不悔。 第三种境界，"众里寻他千百度，蓦然回首，那人却在灯火阑珊处"，是说经过千百次寻求知识后，回头一看，突然发现自己为之奋斗的目标就在眼前，成功正在向你招手微笑。 有了这三种境界，浮躁之心自然会远离我们而去。

　　克服浮躁的心态，对我们做事、处世、修身都有益处。 一个心浮气躁的人，是不受人欢迎的人，而且其浮躁的心理还会影响他的健康。 所以，在生活中注意克服浮躁心理是很有必要的，不然，我们就会深受其害。

第二章

你想成为怎样的人:格局拓宽视野

力争上游，做第一流的人

成功人士与一般人的差别，就在于成功的人有远大的志向。 换言之，成功是由远大志向推动起来的！事实证明：大凡有所成就的人，都是敢做好梦、敢立大志的人。 所以，做人的第一件事就是立志，也就是要使自己振作起来，抖擞精神，给自己一个目标、一个方向。

没有志向，人生就没有方向。 当你知道自己想要什么的时候，整个世界都会为你让路。 人有时是自己观念的产物，你是一个什么样的人，首先在于你想成为一个什么样的人。 比如，一个人从来没有想到要成为一个科学家，他也就不会按照成为一个科学家必备的素质要求自己、训练自己，也就很难成为科学家。

胡雪岩出生在安徽徽州，在这个多山的地区流传着一句"前世不修，生在徽州，十三四岁，往外一丢"。胡雪岩的祖上也是一个贫寒家庭，世代单纯的农耕生活，已经不足以养活众多的胡姓子孙，所以必须要"走出去"。

胡雪岩作为一名成功的大商人，他将中国传统商人应有的志向发挥到了极致。在胡雪岩的伙计生涯中，如果他安于现状，或许数年内便能积累一笔小家产，然后娶妻生子，安安稳稳度过一生。然而，胡雪岩是一个胸怀鸿鹄之志之人，是绝不甘心同他人一样庸庸碌碌终生的。他心怀建功立业之雄心，只是苦于身份卑贱，本钱太少，无法实现他远大的抱负，因此，他平素在众人面前总是笑容可掬，但是内心深处却时常郁郁寡欢。此时的胡雪岩，绝非无所作为，而是睁大了眼睛，在寻找机遇，寻觅能帮助他实现心中梦想的人。

在与人聊天的时候，胡雪岩说过："说到我的志向，与众不同，我喜欢钱多，越多越好！"他围拢两手，做了个搂钱的姿势："不过我有钱不是拿银票糊墙壁，看看过瘾就算。我有了钱要用出去！世界上顶痛快的一件事，就是看到人家穷途末路，无钱逼死英雄好汉，刚好遇到我身上有钱。"他做了个挥金如土的姿态，仿佛真有其事地说："拿去用！够不够？"这是何等的气势！

胡雪岩在其经商活动中表现出了气吞山河的大志向、大气魄。他不断发展与官僚阶层、江湖势力、洋人及洋人买办、下层被管理者和下层百姓的关系；在商业经营范围上，不断扩展其钱庄业的覆盖范围，在丝业、典当业、药业方面也取得了很大的发展，终成富甲天下的红顶巨商。

纵观历史上有所成就的人，你会发现他们的人生转折点往往都是在二十几岁。胡雪岩也是在二十几岁的时候立志要做第一流的人。有此志向，并有敢想敢为的执着精神，大清朝才出了胡雪岩这个了不起的人！如果你正处于二十几岁，那你现在一定要把握好人生的这个大好时机；如果你已在三十岁以上，那你更应该努力，人常说"三十而立"，很多人都在30岁的年纪就有所成就了。虽然我们的步伐慢一点，但只要有志向、有方向，就像与兔子赛跑的乌龟，同样能取得胜利。

突破自我，敢于开拓大局面

"如果你自诩为奴隶，那你永远不会成为主人"。 对于整日奔波忙碌的人们而言，想拥有怎样的生活，就要给自己一个怎样的定位。 古往今来，大量事例足以证明，一个定位，在很大程度上可以改变一个人的人生。

人人头上一片天，脚下一块地。 要想天高地阔，必须始终追求更高远的志向。 志愿是由不满而来。 有开始，便有一种梦想，接着是勇敢地去面对，努力地工作去实现，把现状和梦想中间的鸿沟填平。 做人，应该认清自己现在是什么人，将来想做什么人。 给自己设定一个可行又不乏高远的目标，激励自己把握好人生的每一步，并一步步向着更高的目标推进。

胡雪岩掌控商道，一心想打开自己的人生局面。他认为一个人能够凭实力打开一片天地，就是有了自己的人生位置，但这是一个非常艰辛的过程。有些人之所以处处失败，是因为没有找到适合自己的位置。因此，胡雪岩要做的第一件事就是自立门户。

起初胡雪岩自作主张，用钱庄银子资助潦倒落魄的王有龄进京捐官，不仅自己在信和的饭碗丢掉了，且因此一举，还使自己在同行中坏了名声，再没有钱庄敢雇用他，终至落魄到靠打零工糊口的地步。

好在天无绝人之路，王有龄得胡雪岩资助进京捐官，一切顺利，回到杭州，很快便得了浙江海运局坐办的职位。王有龄知恩图报，一回到杭州就四下里寻访胡雪岩的下落，即便自己力量有限，也要尽力帮他。

重逢王有龄，因资助王有龄留下的恶名自然消除，这时的胡雪岩起码有两个在一般人看来相当不错的选择：一是留在王有龄身边帮王有龄的忙，而且，此时的王有龄确实需要帮手，也特别希望胡雪岩能够留在衙门里帮帮自己。依王有龄的想法，适当的时候，胡雪岩自己也可以捐个功名，以他的能力，肯定会有飞黄腾达的时候。胡雪岩的另一个选择是回他做过伙计的信和钱庄，以他此时的条件，回信和必将被重用。实际上，信和"大伙"张胖子收到王有龄听从胡雪岩的安排还回的500两银子之后，已经做好了拉回胡雪岩，让出自己的位子的打算。他找到胡雪岩的家里，恳请胡雪岩重回信和，甚至将胡雪岩离开信和期间的薪水都给他带去了。

这两条路胡雪岩都没有走。混迹官场本来就不是胡雪岩的兴趣所在，他当然不会走这一条路。帮王有龄他自然不会推辞，但最终还是要干出一番属于自己的事业。而回到信和，也就是胡雪岩说的"回汤豆腐"，他自然更不会去做。这里其实也不仅仅是"好马不吃回头草"的问题，关键在于，这"回汤豆腐"做得再好也不过做到"大伙"为止，终归不过是一个"二老板"，并不能事事由自己做主。

"自己做不得自己的主，算得了什么好汉？"胡雪岩要的就是自己做主。所以他一上手就要开办自己的钱庄。

这种强烈的自主意识，还是胡雪岩能够不断开拓自己事业的基础。如果一个人根本没有想过自立门户，这个人只能永远原地踏步，或者说，跟着别人做一点小生意。

很多人不是没有想法，而是缺乏胆量，缺少自信，他们不敢接受改变，与其说是安于现状，不如坦白一点，那是没有勇气面对新环境可能带来的挫折和挑战。这些人最终只会是一事无成！

有这样一个寓言，说是一只青蛙每天都蹲在火山附近池塘中的一片浮萍上，它对此早已习惯，甚至懒得跳跃去捕捉面前的飞虫。当池塘中其他伙伴找到另一处妙地，并纷纷前往之时，它依然高仰着头，甚至嘲笑它们。所幸，这只青蛙练就了"长舌绝技"，几乎不用挪动脚步就能捕捉到飞虫。

终于在某天，火山爆发了，池塘中的水被烧沸，沸水接触到了青蛙的脚，但它依旧一动不动。最后，这只青蛙只能活活灼死。

青蛙的可悲之处在于，它固执于自己的惰性，结果因"安分"而丢掉了性命。其实，逃命并不难，它只需轻轻一跳，就足以让自己躲过这场厄运。

很多时候，一些人又何尝不像这只青蛙呢？他们固守一成不变的生活，以至于形成惯性思维，只知安于现状，绝不肯轻易转变，乃至于自己的人生停顿不前，逐渐为社会所淘汰。

在突飞猛进、竞争激烈的时代，太过安于现状，就会失去机会，失去竞争能力，从而失去成功的可能性。所以说，人不能一直停留在舒适而具有危险性的现状之中，要勇于突破自我，只有这样才能让人高看一眼。

毋庸置疑，人人都想拥有一片宽阔的人生舞台，但我们首先必须清楚，自己要的是一个什么样的舞台。一个人活得没有志气，最突出的表现就是没有人生目标。没有目标就好像走在黑漆漆的路上，不知自己将走向何处。而所谓的目标，就是你对自己未来成就的期望，确信自己能达到的一种高度。目标为我们带来期盼，刺激我们奋勇向上。当然，在为达到目标而努力奋斗的过程中可能遭遇挫折，但仍要坚定信念、精神抖擞。

如果个人对价值理念缺乏定向，往往会导致个人对现存社会价值观念产生怀疑和不满，无法确信生活的意义而使自我迷失。如果认为自己拥有独特的并且有价值的一生，便会觉得一生完美无缺、死而无憾，而且由经验中产生超然卓越的睿智，更能无惧地面对死亡；相反，如果否定自己一生的价值，便会对以往的失败悔恨，余生充满悲观和绝望。因此，不要怀疑自己，更不要否定自己！因为，无论如何，世界上只有一个你，你是独一无二的。"三军可夺帅，匹夫不可夺志"。别人否定你并不可怕，自己绝不要否定自己。

20世纪30年代，在英国一个不出名的小镇上，有一个叫玛格丽特的小姑娘，自小就受到严格的家庭教育。父亲经常向她灌输这样的观念：无论做什么事情都要力争一流，永远在别人前头，而不能落后于他人。即使是坐公共汽车，你也要永远坐在前排。父亲从来不允许她说"我不能"或者"太难了"之类的话。

对于一个年幼的孩子来说，父亲的要求可能太高了，但父亲的教育在以后的岁月里证明是非常正确的。正是因为从小就受到父亲的残酷教育，才培养了玛格丽特积极向上的决心和信心。在以后的学习、生活或工作中，她时时牢记父亲的教导，总是抱着一往无前的精神和信念，尽自己的最大努力克服一切困难，做好每一件事情。事事必争一流，以自己的行动实践着"永远都要坐在前排"这句话。

玛格丽特在上大学时，学校要求5年修完的拉丁文课程，她凭着自己顽强的毅力和拼搏的精神，硬是在1年内全部学完，学习成绩名列前茅。

玛格丽特不光是在学业上出类拔萃，她在体育、唱歌、演讲及学校其他活动方面也都是一直走在前列，是学生中凤毛麟角的佼佼者。

正因为如此，40多年后她就成长为连续4年当选为英国保守党领袖、英国第一位女首相、被政坛誉为"铁娘子"，她就是玛格丽特·撒切尔夫人。

拿破仑有句话：不想当将军的士兵，不是好士兵。其实这句话道出了一个道理：每一个人活在这个世上，都应该给自己定个位。定什么位，将决定自己一生成就的大小。志高千里的人决不会自甘平庸，甘心做下人的人永远成不了主人。

古人云："胜人者力，自胜者强。"这的确是亘古不变的真理。在现实当中总有这样一些人：他们相信命运，凡事听天由命；有的性格懦弱，做事依赖他人；有的没有责任心，不敢承担责任；有的惰性太强而好逸恶劳；有的缺乏理想，混沌度日等等。总之，他们给自己低调定位，遇事不敢独当一面，又不敢承担责任，不敢为人之先。一句话，就是不敢重用自己，被一种消极的心态所支配，甘心自轻自贱。 这种心态是一个人进步的最大障碍，成功的大敌。

在人生的旅途中，要想获得最后的胜利，有所成就，就要敢于重视自己，给自己高调定位，要敢于承担责任，勇于独当一面，有战胜一切艰难险阻的决心，敢于排除前进道路上的一切障碍，敢为人先。 有雄心成大事的人心中只有一种信念：别人能做的，我也能做到；别人做不到的，我还能做到。

中国有句古语，叫作"取法乎上，而得乎中，取法乎中，而得乎下"。 意思是说，目标定在上等，仅能取得中等的成绩，目标定在中等，仅能取得下等的成绩。 这的确是古人科学经验的总结。

"生于安乐，死于忧患"，人生过程中，环境的不同、心态的不同会导致不同的结局。 因为在顺利的时候，大多数人只求安逸，而穷苦的时候很多人就会图谋变革，这也是一种必然的趋势。

只有远大的目标，才会有崇高的意义，才能激起一个人心中的渴望。 戴高乐说："眼睛所看着的地方就是你会到达的地方。 唯有伟大的人才能成就伟大的事，他们之所以伟大，是因为决心要做出伟大的事。"

重量级拳王吉姆·柯伯特有一次在做跑步运动时，看见一个人在河边钓鱼，一条接着一条，收获颇丰。奇怪的是，柯伯特注意到那个人钓到大鱼就把它放回河里，小鱼才装进鱼篓里去。柯伯特很好奇，他就走过去问那个钓鱼的人为什么要那么做。钓鱼翁答道："老兄，你以为我喜欢这么做吗？我也是没办法呀！我只有一口小煎锅，煎不下大鱼啊！"

很多时候，我们有一番雄心壮志时，就习惯性地告诉自己："算了吧，我想的未免也太迂了，我只有一口小锅，可煎不了大鱼。"我们甚至会进一步找借口来劝退自己："更何况，如果这真是个好主意，别人一定早就想过了。我的胃口没有那么大，还是挑容易一点的事情做就好，别把自己累坏了。"正由于我们降低了自己的定位，所以也只有和"大鱼"擦肩而过了，这不能不说是人生中的一大憾事。

勇敢接受挑战

美国皮套业的明星约翰·比奇安曾经是一名警官，只是喜欢在业余时间做皮套。后来，约翰创办了全美最大的制造皮套和皮带厂家——比奇安国际公司，专供执法人员和军方使用。他也担任过亨廷顿控股公司的顾问和瑟法里公司的发言人。比安奇在这个行业有极大的吸引力，当他出现在皮套展览台时，展厅的人们排着长队，只为一睹他的风采，就像西部乡村歌星会见他的歌迷一样。

约翰给别人讲过这样一个故事："信不信由你。38年前，我还年轻的时候，在咖啡厅干过，我看见公司的老板进进出出，我观察他们时就问自己：什么使他们与众不同？他们在干些什么？我应当好好研究一下。我发现一件非常重要的事情——他们有一个重要的特点，就是充满信心。他们无所畏惧，他们是自信的。从那时起，我反复思考，后来发现，恐惧是许多问题的根源。你必须对自己有信心，如果你自己没有信心，任何人都无法相信你。"

莱尼特是一名普通的修理工。他的朋友们条件与他差不多，但薪水却都比他高，住在高级的住宅区。莱尼特觉得很困惑，究竟自己什么地方不如他们？

在见过心理医生之后，莱尼特找到了症结所在。莱尼特发现自从他懂事以来，就极不自信、妄自菲薄、不思进取、得过且过，他总是认为自己无法成功，也从不认为可以改变这一点。

于是，莱尼特痛下决心，再也不自我贬低，要信心十足。他辞掉了原来的工作。通过面试，进入一家知名的维修公司，两年之后，成为行业中的名人。

在上面的两个例子中，他们的成功都被掌握在他们自己的手中，而他们成功的关键就是自信。

可见，自信绝不会在遥远的地方，它就在被我们曾经忽视的脚下，等待着我们大家去发现，去掌握。

欧洲有一句名言："一个人的自我思想决定他的为人。"行为是思想绽放的花朵，人们外在的言行举止，无论是自然行为还是刻意行为，都是由内心隐藏的思想种子萌芽而来。当我们满怀自信，并且全力以赴时，做任何事情都有可能获得成功。

那么，怎样才能建立自信呢？以下是哈佛大学的罗伯特教授总结的建立自信的6个步骤。他认为，不论你现有的自信度如何，只要循此步骤去做，你就会增加自信心去面对生活中的每个挑战。

第一步：告诉自己，一定要实现目标。

生活中，大多数人即使确立了目标，由于并不衷心渴望达成，所以也就缺乏达成的自信心。反过来说，因为不寄予希望，所以嘴上经常挂了这么一句"我做不到"而放弃。

不管你从事什么工作，在工作上追求快速成长而始终认真如一、向目标奋勇迈进的人，总是占少数。大多数人往往只求投入一半心力，并不积极地全力投入。

想要拥有自信，就要有"这才是我唯一的工作"，这种全神贯注的信念是非常重要的，抱着半途而废的心理绝不可能产生自信。

第二步：要有最好的准备。

为了成功，凡事都需做好万全的准备工作。 如你在向人推销商品时，保有自信的最好方法，就是事先准备好无论在什么场合见面，都可提供给对方特别的东西，以及提供让对方接受的方法。 再者，为了不使对方感觉浪费时间，采取什么样的话题、方式，以适当表达出重点，也必须在事前做深入的了解和准备。

第三步：重心放在你的长处上。

有成就的人知道把精力放在自己最擅长的地方。 当你集中精力做好一件事情时，你会觉得自信心增强。 林肯可以成为一名一流的律师，但他选择做政治家。 他认为他能在历史上写下新的一章，因此决心以毕生的精力来完成这个使命。 事实证明他的确做到了。

第四步：从你的错误和失败中吸取教训。

"我们浪费了太多的时间，"一位年轻的助手对爱迪生说，"我们已经试了2万次了，仍然没找到可以做白炽灯丝的物质！"

"不。"爱迪生回答说，"但我们已知有2万种不能当白炽灯丝的东西。"这种精神使得爱迪生终于找到了钨丝，发明了电灯，改变了历史。

错误很可能致命，错误也会造成严重的后果，但往往不在错误本身，而在于犯错人的态度。 能从失败中吸取教训的人，就能建立更强的自信心。

第五步：放弃逃避才能产生信念。

爱迪生说："在你停止尝试时，那就是你完全失败的时候。"欠缺自信的人，将终日与恐怖结伴为邻。 越是被恐怖的乌云所笼罩，自我肯定的机会也就越是渺茫。

其实，你所担心的事物一旦即将成为现实时，你的心里往往会有"最糟糕大不了如何……"的万全准备，这种"大不了"的心理，正是你可以克服恐怖习惯的最佳证明。 所以，这些造成你不安的恐怖事物，说穿了并没有什么，我们如果将其真面目分析得仔细一点儿，就会发现你所畏惧的"幽灵"原来不过是一株枯萎的树影罢了。 你将会为自己深深陷入的恐怖感到好笑。 只要勇敢面对，不但可以从此消除恐怖的阴影，而且能够产生坚强的自信心。

第六步：要切实遵守自己所制定的约束。

这是增强自信的最后一个步骤，也是所有步骤中最简单且最具效果的。 此处所指的约束，任何一种都可以，而且若能包含你的工作、经济、健康等各种问题，更能收到一石二鸟的效果。

所谓"约束"并不仅仅是在头脑中约束自己，你可以试试在纸上签上自己的姓名会更具实践的效果。 比方说"从今天起一周之内，我每天早晨要起来慢跑"，或者"从今天起一周之内，我要比平常早 30 分钟出门上班"等，都可以将它写在纸上，填上日期，签上姓名。

约束的内容如何并不重要，重要的是将它写在纸上后，不论发生什么样的障碍，都务必要确实遵守。 记住：成功的秘诀是在于恒心。

当你对自己做了某种程度的约束后，在遵守这种约束时，你会发现由于实践而产生了自我信赖，这种自我信赖便是你已开始坦然面对自己的实证，此时自信当然也会根深蒂固地成为你的勇气与力量。

大多数人在实行这种自我约束时，多半会有优柔寡断、迟疑不决的心态，即使实行了，一旦遭遇到挫折又会随即住手，然而若是用这种写在纸上的签名方法，可能就不大容易半途而废了。 不管多么微小的事，一旦立下"只要决心去做一定会成功"的信念，自信便会油然而生。

不要自我设限

海伦·凯勒曾说："信心是一种心境，有信心的人不会在转瞬间就消沉、沮丧。如果一个人从他的荫庇所被驱逐出来，他就会去建造一所尘世的风雨不能摧毁的房屋。"的确，生活中那些有信心的人比没有信心的人更容易获得成功和快乐。

一天上午，巴巴拉老师让全班 35 名学生都拿出一张白纸，并在页眉处用大写字母写下"我不能"，然后叫学生列出所有他们不能做的事。例如：

我不能独立完成数学作业；

我不能只是吃一个冰淇淋蛋卷；

我不能做 3 位数以上的乘法；

我不能让卡比拉喜欢我。

在学生们都忙着列出自己清单的时候，巴巴拉老师也在列举自己不能做的事。如：

我不能让吉米遵守课堂纪律；

我不能让威廉的父亲来参加家长会。

写完后，巴巴拉老师让学生们把写好的纸对折起来，然后放进讲台上的空盒子里。

收完后，巴巴拉把盒子盖好，然后把盒子夹在手臂下和学生们一起走出教室。下楼时，巴巴拉在杂物室里拿了一把大铁铲，然后领着学生们来到操场。

巴巴拉和学生们来到了操场最远处的角落，她面向学生们严肃地宣布："孩子们，今天，在这个庄严的时刻，我们在这里集合，我们将把'我不能'全部埋葬。"

然后，她挖下了第一铲，学生们一个一个地接着往下挖，每位学生都掘起了满满一铲土。10分钟过去了，他们挖出一个大约1米深的坑。巴巴拉轻轻地把装满"我不能"的盒子放入刚刚挖好的土坑里。

巴巴拉转向学生，叫他们绕着"坟墓"围成一圈，手拉手，低下头。接下来，巴巴拉宣读了令每个人都难以忘怀的悼词：

"孩子们，今天我们相聚在这里，一起来悼念'我不能'。昨天它与我们同在，进入每个人的生活，有些人多，有些人少。不幸的是，它的名字无处不在，在每处公共场合都能听到，在学校、在商场、在公司、在政府大厅，甚至在总统办公室。

"今天，我们为'我不能'提供一处安息之地，它去了，留下了它的兄弟姐妹们（我行，我会，我马上）。虽然它们不如'我不能'声名远扬、势力强大，但总有一天，在我们的帮助下，它们将写下世界上最壮丽的诗篇。

"愿'我不能'永远安息吧！愿在场的每一位孩子彻底摒弃'我不能'，珍惜生命，勇往直前。阿门！"

最后，巴巴拉和学生们用土将"坟墓"填满，回到教室，祝贺"我不能"从此离他们而去。作为庆祝仪式的一部分，巴巴拉用包装纸叠成一个大墓碑，用大写黑体字写上：

"我不能"

愿你安息

2002 年 5 月 26 日

从那个时候开始，这个纸墓碑一直挂在巴巴拉的教室里。只要有学生一时忘记，说了"我不能"，巴巴拉就会指指墓碑，学生往往马上便会笑着改口。

在生活中，那些喜欢自我设限的人最爱说的话就是"不可能"，在做事情之前，他们习惯告诉自己"不可能完成"，结果便真的没有完成，于是他们更加相信自己一开始给自己设定的高度。

如果一个人经常说"不可能"，这对他来说真的是一件很可怕的事情。长此以往，他本来可能做到的事情由于自己思想的限制，结果变成了不可能的事情。经常说"不可能"会让你逐渐放松对自己的要求，一个人如果对自己的要求都放松的话，那么这个人就不会有太大的作为。

假如你是一个只有 19 岁的穷大学生，连上学的钱都不够，能够在不偷不抢，也不从事任何其他非法的行动，而是完全凭自己的智慧在短短 1 年内赚到 100 万美元吗？

估计大多数人听到这样的问题，都会笑着摇头，说："绝不可能！"

如果再问一句："你相信有这样的人吗？"可以断定，还是会有不少人会摇一摇头，说："绝不可能！"

但是在现实生活中，大多数人认为"绝不可能"的事，真的就有人做到了。

这个人名叫孙正义，日本软银集团的创始者，一个被誉为"互联网投资皇帝"的人。全世界没有一个人，包括比尔

·盖茨，能够拥有比他更多的互联网资产，他投资的雅虎等互联网资产，占有全球互联网资产的7%。

这个身高仅仅1.53米的矮个子男人，19岁时就制订了自己50年的人生规划，其中一条，就是要在40岁前至少赚到10亿美元。如今他40多岁，这个梦想早已成了现实。

看看他是如何利用智慧赚到人生第一个100万美元的。

在制订人生50年规划时，孙正义还是一个留学美国的穷学生，正为父母无法负担他的学费、生活费而发愁。他也有过到快餐店打工的想法，但很快又被自己否定了，因为这与他的梦想差距太大。左思右想之后，他决定向松下学习，通过创造发明赚钱。于是，他逼迫自己不断想各种点子。一段时期内，光他设想的各种发明和点子，就记录了整整250页。

最后，他选择了其中一种他认为最能产生效益的产品——"多国语言翻译机"。但这时问题马上来了：他不是工程师，根本不懂得怎么组装机子。但这难不住他，他向很多小型电脑领域的一流著名教授请教，向他们讲述自己的构想，请求他们的帮助。

大多数教授拒绝了他，但最终还是有一位叫摩萨的教授答应帮助他，并为此成立了一个设计小组。这时孙正义又面临着另一个问题：他手上没有钱。

怎么办？这也难不倒他，他想办法征得了教授们的同意，并与他们签订合同：等到他将这项技术销售出去后，再给他们研究费用。

产品研发出来后，他到日本推销。夏普公司购买了这项专利，并委托他再开发具有法语、西班牙语等7种语言翻译功能的翻译机。这笔生意一共让他赚了整整 100 万美元。

一个人只要开通"脑力机器"去解决问题，就能创造奇迹！而能创造这种奇迹，关键在于改变发问方式：将否定式的疑问——"怎么可能"，变为积极性的提问——"怎样才能"！

将思想聚焦在"怎么可能"的怀疑上，你就会对自己的智力潜能压抑，把可能实现的东西扼杀在摇篮之中！将思想聚焦在"怎么才能"的探索上，你的脑力机器就会开动起来，把各种"不可能"变为可能！

如果心中只想到事情为什么"不可能做到"，你永远都不可能把事情做好。因此，你应该集中注意力去想如何才能把事情办成。

当要解决问题时，如果问题的难度比较大，就会有很多人对自己说"绝不可能！"然后不再努力，最终放弃。

相反，一个杰出的人，总是通过改变自己的心态和发问方式。最终将"绝不可能"变为"绝对可能"。

石油大王洛克菲勒曾经说过："哪怕只有百分之一的希望，也值得你百分之百去尝试！"人生中 90％的失败都是因为自己打败了自己。

微处理器的发明者马西安·泰德·霍夫曾说过一番有意思的话："发明的能力之一恐怕是你要自以为能够发明。我记忆所及的最有意义的经历之一，就是遇到过一些成功的企业家，他们的设想并不一定比别人高明，不同之处仅在于他们有一股推动力去追求设想的实现。在我看来，推动力是比设想更重要的。我想这对于发明来说也是同样的道理。"

弗罗姆是有名的思想家和创造学家，他把创造力与无畏联系起来，在对一些创造力高的自我实现者进行研究之后，描述道："在我看来，要找出这一切之所以如此的原因，这多半要追溯到我的这些人物比较无畏的品格。他们显然较少有对文化的顺应态度，他们不害怕别人会说什么、会要求什么、会笑话什么。他们不需要依赖别人，因此也比较少受他人的决定，他们不害怕他人，也不敌视他人。可是，或许更重要的是自我实现的人不畏惧自己的内部世界，不怕自己的冲动、情绪和思想。他们比普通人更容易接受自我。这种对自己的深刻赞同和认可，使他们更有可能敢于觉察世界的真正性质，也让他们的行为更有自发性。"

而有些人如果遇到一些问题，就产生"只能到此为止"的念头，或者认为自己已经到了"智能极限"，没有可能再向前进一步了。

很多的成功人士却与此相反，他们总是勇于向所谓"智能极限"挑战，变各种"不可能"为"可能"。

在做这件事情之前，首先他们不会问自己是否可能，而只是问自己是否完全尽力了——无论要解决的问题难度有多大，不要先说这是否可能做到。

事实上就是把"不可能"的戒律先放一边，而只想自己是否完全尽力，是否想尽了一切办法、穷尽了一切可能……

只有把意识的焦点对准解决问题，这样才能减轻解决问题的焦灼感，让你能沉下心来进行思考和创造，轻装上阵，就能集中心智去解决问题，这样也许会让问题得以很好的解决。

日本索尼公司在20世纪40年代末，所生产的录音机每台重36千克，不仅体积大，而且生产成本也高，价格十分昂贵，市场销售很不景气。井深是这家公司的负责人，他决心把录音机的体积大大缩小，降低成本。

他亲自带领公司最得力的技术人员住进横滨市的一个温

泉宾馆，之后他向大家宣布了一条"军令状"：限 10 天之内拿出有效的解决办法来。

大家在开始时都觉得不可能，但是后来，大家根本不考虑可能不可能，反而夜以继日地全心钻研，只问是不是想尽了一切办法。一个个方案相继提出来，又一个个地相继被否定，接着又产生新的构想。10 天的期限到了，有效的解决办法也终于产生了。

索尼公司在不久便向市场推出了畅销全国的产品——磁带录音机。

克勒蒙特·史丹是属于古典的《赫雷萧·亚尔嘉成功谈》故事里的主角型人物，他早年的生活非常贫困，在南塞德卖报生涯中开始他的创业，据说他目前拥有 3 亿美元以上的财富。他也是博爱主义者，希望每个人都能发挥潜能，一生都奉献给启蒙活动。

他在自己办的杂志《成功》中谈道："不必理睬向你说'不可能'这些悲观字眼的人，然后提出好的方法来证明'那种事不可能'乃是谎言。有数百万人在他们的人生中拥有能力却不能实现更高的目标，这是为什么呢？听到别人对他说'那种事是不可能的'，自己也就相信了。并且未曾学习和应用'积极思考法'来振奋自己。如果他们能有意识地树立积极的态度，周围纵然满是荆棘，也能在不侵犯他人权益的情况下，达到所有目标。"

记住克勒蒙特·史丹的这段话吧，它能够使你受益终生。

进行积极的自我暗示

有一个曾获得过冠军的象棋俱乐部，由十几个西班牙人组成。这是几个来自西班牙黑人住宅区的"刺头"青年。这些青年整天在大街上游走，竟干些打架斗殴、偷鸡摸狗的事情，甚至还偷偷吸食毒品。可以说，他们已经走上了犯罪的道路。人们见到这些孩子时都会不停地摇头，认为他们已经不可救药，除了进班房，不会有任何好结果。但是，一名普通的在校教师比尔·霍尔却在这群孩子身上看到了潜力。他成立了一个象棋俱乐部，精心营造了一种新环境。经过不懈的努力，他终于改变了这些孩子的自我认识。

由此可见，很多情况下，一个在别人眼里，甚至在自己眼里都一无是处的人，常常会遇到某个"慧眼识珠"的人，后者在他身上总能找到"金子"，总能看到别人看不到的潜力，并对他寄予了很大的希望和信任，而且还通过一系列的影响改变了他的自我意象，从而让这个人的人生由失败转向成功。

然而，我们没有必要总是坐等别人来替我们发现自己的潜力，而是要自己发现自己，并且经常进行积极的自我心理暗示，我们就可以逐渐变得像我们暗示的那样，从而改变我们的人生。

也许在生活中，我们都有这样或那样的弱点和缺陷，然而，只要我们养成相信自己的习惯，从而相信自己的能力，并通过自身不懈的努力，就一定能克服各种障碍，活出真正的自己。

你还在为自己的弱点和缺陷自怨自艾吗？你还在为自己的平平庸庸而怨天尤人吗？改变你的想法，你才能改变自己的人生。就像月亮不管阴晴圆缺，仍旧会发出照亮夜空的皎洁月光。生命同样如此，不管你以什么样的相貌、什么样的身份出现，都没有必要暗自伤悲。你唯一需要做的，就是相信你自己。

　　富兰克林·罗斯福曾经是个非常瘦弱胆小的男孩，无论见到谁，他幼稚的小脸上总是充满惊恐的表情。天生胆小怯场的小罗斯福，每次被老师叫起来回答问题时，他总是脸涨得通红，紧张得全身发抖，讲话也是断断续续、含糊不清。

　　如果是一般小朋友像他这样胆怯，可能就不会再去参加任何活动了，也会越来越封闭自己，不与任何朋友交往，只知躲在一角顾影自怜，唉声叹气。然而，小罗斯福却没有这样，虽然他容易紧张，但对于自己的弱点，他反而更加勇敢地面对。尽管同伴们经常嘲笑他，他也不放在心上，当紧张时，他坚定地说："只要我用力地咬紧牙关，尽力阻止它们颤动，过一会儿我就能让情绪稳定下来！"小小年纪的罗斯福，每一天都在坚定地告诉自己说："不管怎样，我都要成为一个坚强的人！"当他看见其他小朋友蹦蹦跳跳地参与各种体育活动时，他也便强迫自己去参加，不管体力能否承受得了。与他接触过的每个人都能从他坚毅的目光里，看到他坚定地想要成功的决心。而当紧张产生时，他会给自己鼓气说："我一定可以！"

　　渐渐地，小罗斯福克服了紧张，也克服了身体上的缺陷。因为拥有不屈不挠的精神，他终于能够勇于面对任何恐惧或有困难的事。而且喜欢广交朋友的罗斯福，对于交际也有一个很实用的原则，他认为："与人交朋友是一件快乐的事情，只要我用真诚、快乐的态度与人交往，即使我的相貌很差，但人们仍然愿意与我交往。因为每个人都喜欢与快乐为伴，不是吗？"

为了让自己更勇敢、更强壮，高中前罗斯福都会利用假期时间加强体能训练，而他也正是凭着这种自强不息的精神与自信，最终成为美国的第52任总统。

不要因为身体上的某些缺陷而灰心丧气、自暴自弃，因为根本就没有谁会在意你的缺陷。通常那些独来独往、离群索居的人，他们的失败并不是因为被别人排挤出局，而是因为自己首先放弃了自己。

许多不敢相信自己或缺乏信心的人，当他们否定自己的时候，走路不是低着头，便是脸上布满愁容，这种形态恐怕连他们自己看见都要感到厌烦，更何况是别人呢？

不要再暗自伤悲了，培养自信的习惯吧！站出来学学罗斯福改变自己的坚强决心与毅力吧！很多能让生命爆发的力量，其实不必向外面寻找，譬如活力与自信，都在你自己的身上，你没有必要自怨自艾，正如《阿甘正传》里的阿甘一样，只要你相信你能，你就一定无所不能。

著名的精神病博士维克多·弗兰克虽然曾经在纳粹集中营被关押了整整3年，但当他从集中营被释放出来时，精神非常饱满，以至于他的朋友们都很难相信，一个人竟可以在魔窟里活得如此惬意安然。

弗兰克也曾经绝望过，因为他时刻生活在恐惧中。但是，他强迫自己尽量不去想那些可怕的事情，而是刻意想一些愉快的事，比如斗志昂扬地在同学们面前发表演讲。终于，他的脸上浮现出了笑容。弗兰克知道，自己已经很久没有这样的笑容了。当他知道自己还会笑得如此轻松的时候，他开始相信自己不会死在集中营里，他一定会活着走出去的。

在很多情况下，我们都不止一次地经历着跌倒了再爬起来的过程。其实，我们没有必要气馁，也没有必要怀疑自己的能力，只要精神不倒，就不会被困难压倒。养成"我能成功"的暗示习惯，你就能在潜移默化中得到自信，并相信自己能成功，从而以更加积极的行动去渡过难关，实现自己的梦想。

利用自我暗示的习惯，可以帮助自己寻找适合的目标，并让你在改变自己的同时，也能最大限度地激发自己的潜能。

大诗人亨雷曾说："我是自己命运的主宰，我是自己灵魂的舵手。"意思就是说，自我暗示的力量是无穷无尽的，如果我们能控制自己的意识，那么我们就能掌握命运的节拍。

威廉·丹佛斯是布瑞纳公司的总经理，据说他小时候长得瘦弱矮小，而且志向不高。因为，每当他面对自己瘦小的身体时，便完全没有了自信心，甚至心中还经常感到自责。直到有一天，他遇见了一位好老师，人生观才从此改变。

上课的第一天，老师便把威廉叫到办公室，对他说："威廉，我从你的自我介绍中发现，你有一个错误的观念！

你认为自己很软弱，那么你就会变得越来越软弱！让老师告诉你，其实你是一个非常强壮的孩子。"

小威廉听到老师这么说，惊讶地问道："是吗？怎么可能？我怎么可能是强壮的孩子呢？"

老师笑着说："当然是了！来，你站到我的面前！"

只见小威廉乖乖地站到老师面前，并听着老师的指示："你看看你的站姿，从中就可以看出，在你心中只想着自己瘦弱的一面。来，仔细听老师的话！从现在开始，你脑海里要想着'我很强壮'，接着做收腹、挺胸的动作，想象自己很强壮，也相信自己任何事都能做到，只要你真的去做，也鼓起勇气去行动，很快地你就会像个男子汉一样！"

当小威廉跟着老师的话做完一次后，全身忽然间充满了力量。

如今，他已经85岁了，依然充满活力，因为他一直在实践着老师的教诲，数十年来从未间断。每当人们遇到他时，他总是声音洪亮地喊："站直一点，要像个男子汉一样。"

利用自我暗示的力量，给自己灌输正面的意识，在改变自己的同时，也可以更加了解自己，从而对自己更具有信心。就像故事里的小威廉，老师的引导唤起了他内在的勇气与活力，让他相信，只要"挺直腰"，世界就已经掌握在自己的手中。

很多时候，一个人的精神可以击败很多困难与挫折。因为对于人的生命而言，要想活下来，只需要维持生命的食物就足够了。但既要活着，又要活出精彩，就需要有广阔的心胸、坚强的意志和相信自己能行的智慧。

在进行自我暗示时，要选择一些积极，肯定并富有激励性的语言，并固定下来。 天天背诵做到反复强化，例如：

我正在进行自信训练，我一定会越来越有自信的。

我是有能力的。

我在各方面都会越来越好。

我是我生命的主人。

活着，我感到充实与快乐。

重要的是不断行动。

自信、勇敢、乐观、实践是我人生的宗旨。

……

生活不会辜负你的期待

  美国著名女明星卡罗·伯娜蒂从小长得瘦长难看。妈妈和外婆都叫她"可怜的伯娜蒂"。她不仅身材瘦削，而且长着一张难看的瘪嘴唇，几乎没有下巴。丑陋、阴沉、寡言，就是她在洛杉矶度过的童年时代给人的印象。伯娜蒂一直在心中问自己："难道在我身上真的没有一点可用于创造自己美好人生的某些天才素质了吗？"

  有一个声音一直在她的心底轻轻说着："有的，有的！"

  虽然她并不知道这究竟会是什么天才，但她仍去洛杉矶大学报了名。读大学在当时是件并不容易的事。伯娜蒂家从来就没有什么钱，爸爸和妈妈离了婚，爸爸经常来看她，每次来就给一两美元。自爸爸离家后，妈妈与外婆之间老是不和，她们经常为了钱，为了家里少这缺那而发生争吵。最后，妈妈也像爸爸一样开始喝酒。

  在伯娜蒂的少年时代，她经常去电影院看电影，几乎平均每周要看三场。有许多电影她反复看了两三遍。到周末她就与一些好朋友一起去看电影，回家后，就一起排演刚看过的电影片段。有时当伯娜蒂一人在家时，她就打开收音机在房内跳舞，她常常从沙发上跳到床上，从床上跳到桌子上，一直跳到有人来为止。只有在这时，她才感到自己是一个有生气的人。

  当洛杉矶大学接纳她后，伯娜蒂才发现，他们并没按她的愿望让她读新闻专业。当她打开课程表时，发现自己被分在 T 班——戏剧艺术系。天哪，她简直要疯了：他们一见我那不雅观的面容不要笑我吗？虽然伯娜蒂清楚，不能将这件事告诉妈妈和外婆，但她还是办了入学手续。

那一年，伯娜蒂努力试演每一个供学习用的独幕剧，最后她在一个 26 分钟的喜剧中扮演了一个乡下妇女的角色。此时，她仍然没有勇气将她正在追求的事业告诉妈妈和外婆，所以，她也没叫她们来看自己的演出。

开演的那个晚上，伯娜蒂很紧张。但是，一出场满堂笑声一下子就使她感到不紧张了。心中充满激动和受欢迎感，她感到自己的胸中开始产生一种好的感觉，一种温暖感。这种感觉传到她的心中。她一直沉浸在兴奋与激动中，没有任何人在意她是否漂亮、是否可爱、是否富有，这些都成了无关紧要的事情。

在进入大学的第三年，伯娜蒂与一个叫多恩·塞劳扬的同学恋爱了。他们在一起谈论的所有打算就是怎么去纽约，去百老汇。伯娜蒂的理想是能在乔奇·阿伯特导演的音乐喜剧中担任角色。就在这时，他们中的一些人被邀请参加一次豪华的社交聚会，并表演了节目。节目结束后，伯娜蒂来到餐品柜台前，正当她急匆匆叉起几块诱人的小甜饼放入自己的手提包，准备带回家给妈妈和外婆吃时，一只大手从背后搭到她肩上，啊！天哪，她被抓住了！

伯娜蒂转过身，看到了一位矮胖的、大约 50 岁、穿着黑色晚礼服的男子，在他旁边还站着一个妇人，两人都向她微笑着。当她悄悄拉上手提包时，多恩也过来了。有人把他俩介绍给了 C 先生和 C 夫人。

"我们很欣赏你们的演出，"C 先生说，"这是不是你们想要终身从事的事业呢？"

"是的，我是这样想的。"伯娜蒂回答道。

"很好，然而，你们为什么还不是一个职业演员呢？"

多恩抢着回答说："所有的歌剧院都在纽约。"

"那么，就到纽约去吧！"

"也许有一天我们会去的。"伯娜蒂说。

"现在就去！为什么你们现在不去呢？"

伯娜蒂盯着他说："钱！没钱！"

他指着自己的胸脯说："看我，当我踏上社会时身无分文，现在我已拥有大量财产！去纽约你们需要多少钱？"

"噢，起码要 1000 元钱。"这时伯娜蒂已有些疲倦了，正打算回家。

"好，我给你们，"C 先生说，"下星期来看我，我给你们钱。"

在回家的路上，伯娜蒂和多恩一直在猜想 C 先生的话究竟是什么意思，是不是他喝多了香槟？

第二个星期一，他们如约来到 C 先生住处。当伯娜蒂他们进入 C 先生的办公室时，他正坐在一个巨大的办公桌后面。

屋内很安静，她在椅子上坐立不安。C 先生问他们："是什么使你们认为在纽约能成功？"

"我不是认为我能成功，而是知道我一定能成功。"说完这句话，伯娜蒂对自己会这么胆大妄为地说出这句话也感到惊异。

"好，这是一个艰苦的职业。但是，你的自信让人相信你一定能成功。"他说，"我打算借给你们每人 1000 元。你们可以在 5 年内还我，不计利息。"

他给他们每人一张支票。在伯娜蒂的生活中，她从没见到过这么多的钱。当他们起身告辞时，一再向他道谢。

1954 年，伯娜蒂来到纽约，被选任排演俱乐部总管。

1955 年 3 月 3 日，是伯娜蒂首次在纽约公演的日子。那晚，剧院里坐满了许多大人物。

当演出即将开始，剧场灯光渐渐暗下去时，伯娜蒂感到自己快要停止呼吸了。心想：就这次机会了，如果我的演出不能赢得他们的喜爱，我将就此退出舞台。上帝，请帮助我！她演唱的是一首性感的、有趣的通俗歌曲，它是由埃赛·凯蒂在百老汇唱红的，描述一个困倦奢侈而热烈向往新生活的少妇心态的歌。

纽约的观众非常熟悉这首歌。那天伯娜蒂脚穿一双邋遢的平底鞋，头戴一顶卷发头套，身穿一身从旧货店买来的那种不修边幅的女人穿的旧衣服。演出非常成功，赢得全场的喝彩声，她一连几次出台谢幕。

那次演出后，事情进展十分顺利，纽约北部地区与伯娜蒂签订了歌唱喜剧的演出合同，波尔·威查尔电视台给她一个演员职位，格雷·摩电视台聘请她担任客串演员。接着 1959 年 5 月，伯娜蒂来百老汇的梦想终于实现——她成了乔奇·阿伯特导演的一个歌唱喜剧的主角。这出戏成了百老汇最引人注目的一出戏。

伯娜蒂的经历让人明白，只要你自己有信心，并愿意为理想付出努力，积极为自己寻找机会，生活不会辜负你的期待。

一般来说，自信心的获得，与下列几种因素相关：

从小在家庭中受到父辈的表扬、肯定、赞许较多；

在学校中受到老师的表扬与鼓励较多；

在单位受到领导或上司的信任和器重；

在社交场合中受人尊重和喜爱；

有亲人、朋友和同事的支持和劝勉；

受到自己喜爱的好书或偶像的激励和鞭策；

在生活道路上所受的挫折较少，个人成长比较顺利；

受到了良好的教育，心理素质较高；等等。

当然，缺乏自信是一种心理习惯，它就和其他习惯一样，是后天养成的，是可以通过长时间的努力而加以改变的。

爱默生曾经指出："习惯是一个人思想和行为的支配者。"休谟也说："习惯是人类生活最有力的向导。"起初是我们形成习惯，可是到后来，却是习惯支配我们的思想和行动。习惯可以在不知不觉中形成，也可以有意识、有目的地培养。特别是好习惯，大多是在有意识的训练中培养出来的。因此，一个不愿意虚掷生命的人，是会有意识、有步骤地培养自己的自信心，克服自卑感的。

那么，该怎样才能培养自信的习惯呢？下面列举了几条简单而行之有效的方法：

（1）在心灵深处，对自己的未来发展，要形成一个稳定、恒久的远景目标和规划。牢牢地把握这一目标，切不可让它消失。你要在精神中寻求，使这一目标更加明晰。决不要把自己想象为一个失败者，决不要怀疑你的目标的实现，那是最危险的思想，因为你的精神一直在为你的目标的实现而努力。 所以，不管当下的情况是如何糟糕，你都只能设想"成功"。

（2）无论何时何地，只要影响你的消极思想一产生，理性的声音、积极的思想就应立即把它驱逐出去。

（3）在想象中，不要设置任何障碍物。 要藐视任何一个所谓的障碍，把它们减少到最低限度。 对困难一定要经过研究，采取切实有效的办法把它们克服。 但是，只有当困难确实存在的时候才能考虑对策。 千万不要因为畏难心理过高地估计它们。

（4）找最了解你的朋友，让他帮助你找出你做错事的原因。 了解你自卑和信心不足的根源，它们往往是从孩童时代开始的。 认识自我是一条很重要的线索。

（5）正确地估价自己的力量，然后，把它提高10％。 不要变成一个自我中心主义者，但是要保持应有的自尊。

信心是一种心理状态，可以用成功暗示法去诱导出来。 对你的潜意识重复地灌输正面和肯定的语气，是发展自信心最快的方式。如果我们用一些正面的、肯定的、自信的语言反复暗示和灌输给我们的潜意识，那么，这些东西就会在我们的潜意识中牢牢扎根，发展为我们的自信心。

塑造一个最好的你

每个人都是一个财富的仓库，只不过是你有没有发现而已。

有两个人，一个是体弱的富翁，一个是健康的穷汉，两个人相互羡慕着对方。富翁为了得到健康，乐意让出他的财富；穷汉为了成为富翁，随时愿意舍弃健康。

一位闻名世界的外科医生发现了人脑交换方法。富翁赶紧提出要和穷汉交换大脑。这样做的结果，富翁会变穷，但能得到健康的身体；穷汉会富有，但将病魔缠身。

手术成功了，穷汉成为富翁，富翁变成了穷汉。

但不久，成为穷汉的富翁由于有了强健的体魄，又有着成功的意识，渐渐地又积累起了财富。可同时，他总是担忧着自己的健康，一感到轻微的不舒服便大惊小怪。由于他总是那样担惊受怕，久而久之，他那极好的身体又回到原来那多病的状态中，或者说，他又回到以前那种富有而体弱的状态中。

那么，另一位新富翁又怎么样呢？

他总算有了钱，但身体虚弱。然而，他总是忘不了自己是个穷汉，有着失败的意识。他不想用换脑得来的钱建立一种新生活，而是不断地把钱浪费在无用的投资里，应了"老鼠不留隔夜食"这句老话。钱不久便挥霍殆尽，他又变成原来的穷汉。然而，由于他无忧无虑，换脑时带来的疾病不知不觉地消失了，他又像以前那样有了一副健康的身子骨。最后，两个人都回到了原来的模样。

做人永远是做自己最好，别太羡慕别人。因为每个人都有自己的优势，也许自己有的，他人却没有。而成功与否也不在于你是谁，只要努力了，你就能成功，能够取得向往的一切。

塑造一个最好的你，这个目标人人都可以实现。你只要意识到自己是大自然的一分子，坚信自己拥有"无限的能力"与"无限的可能性"。

1. 善于发挥自己的优势

美国哲学家爱默生说："人的一生正如他一天中所设想的那样，你怎样想象，怎样期待，就有怎样的人生。"比尔·盖茨喜欢这样一句话："除了我的天才外，没有什么好宣扬的"。他就是一个超级自信的人，因此，他创造了"天价财富"。

美国赫赫有名的钢铁大王安德鲁·卡内基就是一个充分发挥自己创造机能的楷模。他12岁时由苏格兰移居美国，先在一家纺织厂当工人，当时，他的目标是决心"做全工厂最出色的工人"。因为他经常这样想，也是这样做的，最终他实现了他的目标。后来命运又安排他当邮递员，他想的是怎样"做全美最杰出的邮递员"。结果，他的这一目标也实现了。他的一生总是根据自己所处的环境和地位塑造最佳的自己，他的座右铭就是"做一个最好的自己"。

做一个最好的自己，不一定非要腰缠万贯或是非有高官厚禄不可，就像人的手指，有长有短，有粗有细，它们各有各的用场，各有各的美丽，你能说大拇指比食指好吗？决定让你最好的因素，既不是你物质财富的多少，也不是你身份的贵贱，关键是看你是否拥有实现自己理想的强烈愿望，看你身上的潜力能否充分地发挥。

2. 靠自己去成功

"没有什么救世主，只有靠我们自己。"只有这样坚定的信念才能使你更独立、更自信、更加刚毅和坚不可摧。

一个马车夫正赶着马车，艰难地行进在泥泞的道路上。马车上装满了货物。忽然，马车的车轮深深地陷进了烂泥中，马怎么用力也拉不出来。车夫站在那儿，无助地看着四周，时不时大声地喊着大力士阿喀琉斯的名字，让他来帮助自己。

最后阿喀琉斯出现了，他对车夫说："把你自己的肩膀顶到车轮上，然后再赶马，这样你就会得到大力士阿喀琉斯的帮助。如果你连一个手指头都不动，就不可能指望阿喀琉斯或其他什么人来帮助你。"

天助自助者。想得到别人的帮助，你首先就要学会自立，学会自助。别人的帮助只能是雪中送炭，自立自助才能达到锦上添花。

第三章

你具备怎样的性格:格局影响个性

好性格帮你成就幸福

好性格是幸福人生的基石，一个人拥有较多的良好性格特质，也就等于抓住了成功与幸福的入场券，因为良好的性格结构会潜移默化地改变人生中的各个层面，进而改变整个人生。好性格结构主要包括以下几个方面：

（1）独立性：办事理智、稳重，并且能真正听从合理的建议，乐于承担自己的决定可能带来的一切后果。

（2）自制力：人都会生气，但是如果有自制力就能够把握住尺度，不至于让自己失去理智。

（3）博爱与包容：付出爱，然后从爱自己的配偶、孩子、亲戚、朋友中得到乐趣。

（4）前瞻性：有长远打算，即使眼前利益有很迷人的吸引力，也要做长远的打算，甚至不惜放弃眼前的利益。

（5）对调换工作持慎重态度：不见异思迁，即使需要调换工作，也要非常谨慎地考虑周全，再下决定。

（6）不断学习和培养情趣：不断地增长学识，广泛地培养情趣，这也是健康性格结构的一个特点。

每个人的性格都不可能是完美的，总会有这样或那样的毛病。因此，及时为自己的性格会诊是非常重要的。我们只有不断地优化自己的性格，才能拥有健康的身体，愉快的心情，幸福的人生。

1. 好性格是价值百万的宝藏

性格的潜力无穷无尽，犹如深埋地下的钻石宝矿。性格的宝藏，只有在不断地挖掘中，才能放射出本色的光芒。

　　曾国藩是成功开发良好性格宝藏的典型代表，他的一生是颇受争议的一生，但他的成就也得益于其方圆得体的性格。良好的性格，使他处江湖之远剖解民心，居庙堂之高深得君意。

　　他是中国历史上最后一位学者兼"贤相"，一生福禄寿禧全都占全。在他的身上，封建士子追求的虚名与实利都得到了集中的体现。

　　曾国藩是从镇压太平天国起家的。清王朝的统治高层在对他大加启用的同时，也对他怀有防范之心。事实上，清王朝的半壁江山已经掌握在他的手中。曾国藩心里很明白，如何处理好同清政府的关系，是自己今后命运的关键。于是，他性格里的百炼钢转化成绕指柔，从此他的性格开始了柔韧的旅程。

　　就这样，倔强刚猛的曾剃头，一变而为温厚宽容的圣相，位列三公，权倾当朝，得到了一个汉族官吏前所未有的名利和权势。

　　"养活一团春风意，撑起两根穷骨头"，正是曾国藩这种刚柔相济的良好性格，使他游刃于朝野上下，天地之间。

2.良好的性格是无价之宝

良好的性格是我们本身具有的法宝，让我们能在错综的人际关系网中游刃有余；良好的性格是我们内在散发的魅力，让我们能在坎坷的求生之路上战无不胜。

皮尔·卡丹独自来到巴黎闯天下，当时他一贫如洗。他最初在一家服装店里当学徒。从此，皮尔·卡丹便与服装结下了不解之缘，进而改变了他一生的命运。皮尔·卡丹虚心好学，尤其在服装设计上似乎有一种特殊的天赋。他很快便在"世界时装之都"的巴黎有了一点儿名气，一些达官贵人、太太、小姐都知道有这样一个年轻人，都愿意请他设计加工服装，因为他在设计上力求大胆创新，赢得了大家普遍的好评。

1950年，28岁的皮尔·卡丹创建了自己的服装公司。当皮尔·卡丹只身一人闯荡巴黎服装界时，服装公司比比皆是，真正称得上高级时装的公司也有三十几家，皮尔·卡丹的小公司相比之下显得太微不足道了，而且没有雄厚的资金实力。但他是敢想敢做，不断谋求新的经营理念，不懈地开拓创新以迎接挑战。积累了一部分资金之后，皮尔·卡丹便大胆地向女性服装领域进军。皮尔·卡丹特意为女性设计生产了一系列风格高雅、质料价格适中的服装，深受广大中下层女性欢迎。

在女式服装领域取得了很好的反响之后，随即他又把目光转向男式服装领域。应该说，这一举措比他在女装上的举措更大胆，更具有开创性。

皮尔·卡丹的发家史，实际上也是他敢想敢做、不断开拓的奋斗史。它告诉我们，一个人仅有梦想是远远不够的，更重要的是要有不懈追求的决心和切实果敢的行动。

梦想是成功者的起跑线，决心便是起跑时的发令枪，行动犹如起跑者全力的冲刺。 行动很重要，敢想敢做，方可成就大事。

3. 健康性格是成功的前提

在现代社会中，如何应对由于社会发展的高速化、高效率、高度文明造成的人的心理与身体的种种不适，以及人际关系中不断的矛盾、冲突所带来的病症，是现代人面临的重要课题。 要唤起人们潜在的性格力量，战胜现实生活面临的困境和难题，首先是要树立现代人健康的生活价值观。

健康性格作为人的一种行为方式，其主要的性格行为取向被认为是个人充分发挥潜能和价值的能力。 马斯洛认为具有"健康性格"的人就是"自我实现"的人，罗杰斯把"健康性格"的人看作是为美好生活而奋斗的人。 因此，对于现代人健康的生活价值观取向的选择，健康性格无疑是最主要的对象。

它不仅对个人是重要的，而且对社会也是重要的。 一个人要在社会中，甚至在家庭中，做一个有作为的参与者，就必须能够和他人建立积极的关系。 那种惯常对人怀有敌意、猜忌、嫉妒、分裂之心的人，那种阴阳怪气、只顾自己、性格古怪孤僻的人，不但不可能很好地参与社会生活，不能充分地发挥自己的潜能和价值，还会给人与人之间的关系带来伤害。 因此，我们要积极地培养自己的健康性格，使自己能够很好地适应社会生活，保持内心的和谐。

健康性格作为一个人健全的生活行为方式和健康的生命价值观，体现了人的自我选择能力、自主性和自我控制的能力，体现了对现实具有客观而深刻的感受力和正确对待外界影响的能力，它能使人以宽容的态度承认现实，适应现实。 健康性格具有保持内心的平衡和满足状态的能力，同时又能保持旺盛的创造精神。 健康性格主要包括以下几个原则：

（1）自我认可原则

所谓自我认可，是指健康性格对自己有着较为明确的了解，能客观地认识自己和评价自己，既承认自己的能力和才干，又承认自己的不利条件或限制因素。

由于健康性格对现实世界及对自我的知觉是客观的，同时也能够接纳和容忍这些真实情况，因此他们常能热爱自己，有一种积极的自我概念，使得他们能根据正确的信息采取行动，从而更好地发挥自己的潜力，完成更多的事情。

（2）智慧原则

智慧原则指作为性格健康的人，他们对人类社会的知识和文明持有一种基本肯定的态度和一种向往、追求知识的心理倾向，其性格对社会个体的展示具有综合性、全面性、丰富性、具体性的特点。因此，要确立拥有健康性格的生活方式，就必须建立在丰富知识的基础上。一个人的勤奋、学识和社会阅历是健康的生活方式和健康性格的正系数。

健康性格善于从人类丰富的知识宝库中提取养料，以培养自己的智慧和提高自己的聪明才智。树立健康性格要学会从知识海洋中学会正确认识自己的方法，处理好自己与行为的关系；学会战胜寂寞、绝望和烦忧的方法，处理好自己与环境的关系；学会善于在工作中获得成绩，处理好自己闲暇娱乐活动与工作的关系；形成自己良好的知识素养、文化素养、道德素养和思想素养，学会正确处理自己与他人关系的方法。

（3）创造性原则

创造性原则，是指能最大地发挥自己的优点和长处，使自己的人生道路和生活更符合自己的特性，为社会的发展和进步发挥自己独特的作用。

健康性格生活的创造性原则主张：在一定的条件下或他人的帮助下人能够进行设想，选择重点，做出计划，并把价值观见诸行动。遵循创造性原则的人不相信"扑克牌算的命运"，不时地享有自我创造所带来的成功喜悦。同时，这种创造反过来又促使其积极地对待生活，促使其不断地进步，增强信心，使其在工作、闲暇、人际关系和婚姻等方面更富有美感和健康的情趣。

（4）社交原则

具有健康性格生活方式的人具有乐于与人交往的特点，在与人相处时，对他人持有的肯定态度(如尊敬、信任、诚挚、谦让、善良等)总是多于否定态度(如憎恶、怀疑、恐惧、欺骗、骄傲、敌对等)，对自己所属的团体或群体有种休戚相关、安危与共的情感，能与人和睦相处。

社交需要是人类生存和发展的基本需要。假如一个人的生理需要和安全需要获得了满足，他就会产生一种爱和归属的感觉。在现实生活中，每个人都希望得到友谊、爱情，希望为团体所接纳，有良好的人际关系。因此，社交原则蕴藏着性格健康的强劲动力，成为健康性格适应现实生活的重要前提。

性格的自我完善与塑造

人的一生既是自我塑造的一生，又是自我完善的一生。 性格塑造的重要目的就是要克服不良性格，实现性格优化的转变。

1.性格需要千锤百炼

自然状态的铁矿石几乎毫无用处，但是，如果把它放进熔炉铸造，然后进一步提纯，再进行锤炼和高温锻冶。 最后，它就可以制成优良的器具。 正是这种烈火焚烧、反复锤炼的过程，赋予了自然状态的铁矿石以实用的价值。

良好的性格，就像红宝石一样。 红宝石的光芒，来自于千锤百炼的打磨，而良好性格则来自于后天的自我塑造。

性格的自我塑造，是指个人为了培养良性格而进行的自觉的性格转化和行为控制的活动。 自我修养在个人性格的发展过程中起着很大的作用，既是教育的补充力量，也是良好性格的发展方向。 玉不琢，不成器，一个人的性格，不经过认真的自我塑造，不可能具有良好的性格。

每年12月1日，纽约洛克菲勒中心前面的广场，都会举办个为圣诞树点灯的仪式。硕大的圣诞树无比完美，据说它们都是从宾夕法尼亚州的千万棵巨大的杉树中挑选出来的。

一位画家深深地被圣诞树的完美吸引了，他带领着自己所有的学生去写生。

"老师，你以为那巨大的圣诞树真的那样完美吗？"一个女学生神秘地笑道。

画家很奇怪："千挑万选，还能不完美吗?"

"多好的树都有缺陷，都会缺枝子、少叶子。我丈夫在那里当木工，是他用其他枝子补上去，这棵圣诞树才能这样完美啊!"

画家恍然大悟——一切完美都源自修补。世上的每个人无论他多伟大，多有名，都不过是那样一棵需要不断修补的树。

同样，任何性格，都是在不断修补中才日臻完美，任何人，都是在不断打磨中，才修炼成功的。

著名科学家富兰克林，早在年轻的时候就下决心克服一切坏的性格倾向或习惯。为此，他给自己树立了包括13个项目在内的性格修养计划：节制、静默、守秩序、果断、俭约、勤勉、真诚、公平、稳健、整洁、宁静、坚贞和谦逊。同时，为了监督自己逐条执行这些项目，他把这13项内容记录在小本子上，并画出相应空格，每晚都做一番自省，如果白天犯了某种过失，就在相应的空格里记上一个黑点。

就这样，富兰克林持之以恒，通过长年累月的自我反省，终于让这些表示性格缺陷的黑点符号逐渐消失了。富兰克林晚年撰写自传时，还特别谈起青年时代为培养良好性格所做的努力，认为自己的成绩应当归功于自我节制。

富兰克林能用13项内容锤炼自己，缘于一位以严格要求和博学多才而闻名的编辑——弗恩。富兰克林每次向他交稿时，弗恩总是一句话："如果你对某一个字的写法没把握，就查字典。"同时，他规定富兰克林每天写一篇文章交给他。如果哪天没有，弗恩就敲着桌子说："文章呢?"这样，在日积月累的岁月中，富兰克林的文章大有长进。

后来，弗恩去世了，富兰克林整理弗恩的遗稿时，看到了这样一段话："我不是你心目中的那个人。我并不懂写作。你让我教你，我尽量去做，其实多数时候是你自己打磨自己。"富兰克林终于明白：自己的写作才能，其实就是自己在一天一篇文章的积累中打磨出来的。

以后，富兰克林一直以敬畏的心情，按照弗恩的严格要求，不断磨砺自己，终于形成了良好的性格，也在写作上取得了很大成就。

人生最重要的就是自己打磨自己，只有不停地自己磨砺自己，不停地给自己淬火，不停地在勤奋的熊熊炉火中锻打锤炼，自己的性格才会明亮起来，并最终放射出夺目的光芒。

2. 性格优化与自我修养

可以说，没有一个人不盼望自己的性格得到优化。而优化性格的基本途径，就是及早进行性格的自我修炼，把握性格发展的方向。

人的性格成熟的进度，往往是同性格修养的认真程度成正比的。性格的自我修养进行得越认真，性格成熟也就越快。这可以从杰出人物良好性格的形成过程中找到证明。

大凡在历史上很有作为的杰出人物，他们的性格都有许多优良之点。 他们的优良性格是不是天然生就、自生自长起来的呢?

当然不是。 伟人也罢,庸人也罢,童年时期性格都是幼稚脆弱的。 每个人,不管长大以后性格多么坚强,取得了多么伟大的成就,受到了多么热烈的推崇,但是在他小时候,他的性格必定是孩子式的、不稳定的。 他们的良好性格,主要是他们在后天实践活动过程中,顽强地进行自我修养的结果。 孔子也不相信自己是"天生圣人"。 他说:"吾十有五而志于学,三十而立,四十而不惑,五十而知天命,六十而耳顺,七十而从心所欲不逾矩。"俄国大文学家列夫·托尔斯泰青年时期,就开始为自己拟定"意志发展的规则"。 开始是规定生活制度方面的要求,如什么时候起身、睡觉,吃什么,等等。 后来,直接的意志训练内容在这个规则中占了主要地位,如"集中全力去做一件事情""尽力而为""只有在必要的情况下,一件事情没有结束,才着手做其他的事情""在从事一切工作前,要考虑它的目的",等等。 俄国著名教育家乌申斯基青年时期,也十分重视从行为规则入手控制和培养性格。 他为自己定过以下规则:

(1)绝对的平静,至少,表面上绝对的平静。

(2)在言行方面老老实实。

(3)行动时要深思熟虑。

(4)果断。

(5)不讲一句不必要的话。

(6)不无意识地浪费时间,只做那些应该做的事,而不是偶然想到的事。

(7)只把金钱花在必要的地方,而不花费在不必要的欲望方面。

(8)每天晚上诚实地检查自己的行为。

(9)从不夸张过去、现在所做的事情和将来要做的事情。

他的坚定沉着、冷静自持等良好性格，就是从这样一点一滴培养起来的。

人类一方面贵为"万物之灵"，是大自然的最高主宰者；另一方面，人类也是有弱点的。自私、妒忌、虚荣，在有人群的地方都存在。19世纪墨西哥版画家阿·波萨特，创作过一幅题为《七种不应有的恶习》的版画，画面上有七只魔鬼般的动物，张牙舞爪地扑向一个人。这七只动物分别代表懒惰、妒忌、谗言、骄傲、酗酒、发怒、吝啬七种恶习。其实，人类常见的恶习还远不止这些，常见的还有愚昧、粗心、粗鲁、懈怠、轻佻、胆怯等等不良性格。若再加上贪婪的欲望和利己心的驱使，还有可能发展为诡诈、狡猾、刻毒、阴险、残忍等等。

所有这些卑下的东西，确实像魔鬼一样扑向我们，人就是在同这些卑下性格的斗争中成长起来的。谁忽视这种斗争，谁就有可能被这些恶魔征服。而自我教育、自我修养，就是抵御这些恶魔的有效武器。

性格修养是一种改进和完善自己的自觉行动。有无性格修养的自觉性，将决定着能否在性格修养上取得成效。性格修养的自觉性，首先来源于主体对性格缺陷危害性的认识程度。如果一个人把性格缺陷看成是无关紧要的，那他就会对性格修养失去热情。因此，我们应当认识自己性格上的缺陷，不仅对别人、对事业有害，而且对自己的生活和前途也很有害处。这种认识越深刻，则自觉改正的决心也越大。性格修养的自觉程度，还取决于个体对自己严格要求的程度。一个胸有大志的人，对自己才会有严格的要求，他的志向越远大，为了实现这个志向而积极改造自我性格的决心也越大。

优化性格的原则与方法

性格改造或者说优化性格的目的，就是克服性格缺陷，实现不良性格向良性性格的转化。 要做到这种转化不是一件容易的事情，它需要一个长期努力的过程，以及恰当的改造原则和方法。

性格是一个人对现实的一贯态度和在习惯化了的行为方式中所表现出来的个性心理特征。 诚实或虚伪、勇敢或怯懦、勤劳或懒惰、果断或优柔寡断等等都被认为是性格特征。 虽说"江山易改，本性难移"，但并不是说性格不可以优化，只是需要一个长期的过程。

1. 优化性格的原则

（1）循序渐进原则。 莎士比亚说："金字塔是用一块块石头堆砌而成的。"良好性格的形成需要一个长期渐进的过程，不良性格的克服也需要长期不懈的努力。 性格是一种相当稳定的个性特征，这种稳定性特点决定了性格的形成和转化只能是一个缓慢的渐进过程。 无论是克服不良性格还是塑造良好性格，都必须坚持循序渐进、从大处着眼小处做起的原则。

（2）渐变转化原则。 人的情绪是性格的特征指标之一，对性格的形成和转化具有诱导感染作用。 比如，一个性格暴躁、个性很强的人，可以通过努力培养安定平静、从容不迫的情绪，使自己经常保持心平气和的心境，以促进暴躁性格的渐变转化。 一个人如果能及时消除烦恼、愤怒、急躁等不良情绪，对克服急躁易怒的不良性格肯定是有好处的。 正面的情绪鼓励愈经常愈持久，对良好性格的形成和培养也就愈有利。

（3）以新代旧原则。 一种不良性格形成后，要改变它，办法之一就是从改变习惯入手，用新的习惯克服和改变原有的性格弱点。比如，你向来好胜逞强，办任何事情都不甘示弱，因而经常使自己惴惴不安、精神紧张。 为此，你就要放弃做一个"强人""超人"的愿望，中止以眼前胜败来衡量成绩的习惯，而培养起从大处着眼、从长处看问题的习惯。

（4）化劣为优原则。

有一个孩子，在上中学时，父母曾为他选择了文学这条路。只上了一学期，老师就在他的评语中写了如此结论：该生用功，但做事过分拘礼和死板，这样的人即使有着完善的品德，也绝不可能在文学上有所成就。后来，一位化学老师认为他做事过分认真和死板，正好适合做化学实验，便建议他改学化学。这一次，他的缺点正好用在他适合的位置上，因为做化学实验需要的正是一丝不苟。他好像找到了自己的人生舞台，化学成绩在同学中遥遥领先，后来，他荣获了诺贝尔化学奖，他的名字叫奥托·瓦拉赫。奥托·瓦拉赫之所以能成为一个有用之才，就是因为很好地利用了他的缺点。

无独有偶，在法国有一家涂料公司，公司对全部员工进行了性格测评，他们不是根据员工的优点来安排工作，而是按照每个人的缺点来安排岗位，譬如让爱吹毛求疵的人当质检员，让争强好胜的人去抓生产，让好出风头的人去搞市场公关，让斤斤计较的人去管仓库，等等。

（5）积累性原则。 一个人的性格，一般都可以表现为临时性和稳定性两种不同状态。 稳定性状态始终存在于个人的性格特征之中，而临时性状态仅存在于某一特定的环境和过程之中，一旦环境和条件发生变化，它便不复存在。 比如勇敢，在有些人身上即表示为一种稳定性性格，不论什么情况，他都是勇敢的；而在有些人身上则仅为一种临时性状态，即他只是在某地某时某事上才表现出勇敢。 当然，临时性状态是不稳定的，一旦环境条件发生变化，它就会消失。 但这并不是说，临时性状态和稳定性状态是互不相容、不能转化的。 如果我们有意识地把良好性格的临时性状态培养成为稳定性状态，那么，就能达到优化性格的目的。

（6）自我修身原则。 性格优化的过程，从根本上讲，就是一个人自我修身水平不断提高和强化的过程。 两者是相辅相成，密切相关的。 为此，必须要有坚强的意志，进行持久不懈的自我修身。

2.优化性格的方法

（1）改正认知偏差。 由于受不良环境的影响，或受存在不良性格的人的教育和影响，使人产生错误的认知，如认为这个世界上坏人多、好人少；同人打交道，要防人三分；疑心重，以小人之心度君子之腹等等。 这样的人一般心胸狭隘、嫉妒心强、疑心大、古怪、冷漠、缺乏责任感等。 因此，要想改变这些，必须改变这些不正确的认知，可多参加有意义的集体活动，去充分感受生活，多看些进步的书籍和伟人、哲人传记，看看他们的成功史和为人处世之道，这对自身性格的改变都会有所帮助。

（2）不要总用阴暗的眼光去看待别人。 上过当或受过挫折的人，对人总存在一种提防心理，对人总是往坏处想，这种人疑心重，心胸狭隘，办事优柔寡断。 世界上既然有好事，就必然会有不如意的事；既然有好人，就有一些害群之马，但好人还是多数。 因此，我们要正确地看待别人，看待我们共同生活的社会。

（3）试着去帮助别人，从中体验乐趣。 不良性格的人，往往以自我为中心，他们对人冷漠，一般不愿与人交往，生活在自我的小天地里。 要想改变这样的性格，平常可以主动去帮助别人。 因为人人都需要关怀，你去帮助别人，同样，别人也会主动来帮助你。同时，在这种帮助中，能体现自身的价值，心情改善了，对人的看法和态度也会随之改变，从而有利于人的性格的改善。

（4）有意识地进行自我锻炼，自我改造。 人是一个自我调节的系统，一切客观的环境因素都要通过主观的自我调节起作用，每个人都在不同的程度上以不同的速度和方式塑造着自我，包括塑造自己的性格。 随着一个人认识能力的发展和相对成熟，随着一个人独立性和自主性的发展，其性格的发展也从被动的外部控制逐渐向自我控制转化。 如果每一个人都意识到这一变化并促进这一变化，自觉地确立性格锻炼的目标，从而进行自我修炼，就能使自身性格特征不断完善。

（5）培养健康情绪，保持乐观心境。 一个人，偶尔心情不好，不至于影响性格；若长期心情不好，对性格就有影响了。 如长年累月爱生气，为一点小事而激动的人，就容易形成暴躁、易怒、神经过敏、冲动、沮丧等性格特征，这是一种异常情绪化的性格。 因此，要乐观地生活，要胸怀开朗，始终保持愉快的生活体验。 当遇到挫折和失败时，要从好的方面去想，塞翁失马，焉知非福？想得开，烦恼就会自然消失。 有时，心里实在苦恼，可以找一个崇拜的长者或知心朋友交谈或去看心理医生，不要让苦闷积压在心，否则，容易导致性格的畸形发展。

（6）乐于交际，与人和谐相处。 兴趣广、爱交际的人会学到许多知识，训练出多种才能，有益于性格的形成和发展。 但是，与品德不良的人交往，也会沾染不良的习气。 因此，要正确识别和评价周围的人和事，不要与坏人混在一起，更不要加入不健康的团队中。 人与人之间要互敬、互爱、互谅、互让，善意地评价人，热情地帮助人，克己奉公，助人为乐，努力搞好人与人之间的关系，长此以往，性格就能得到和谐发展。

（7）提高文化水平，加强道德修养，改善不良性格。 有的人已经形成了某种不良的性格特征，例如懒惰、孤僻、自卑、胆小等，要下决心进行"改型"。 人的性格虽有一定的稳定性，但它又是可变的，只要自己下决心去改，是能产生明显效果的，懒汉可以成为勤奋者，悲观失望的人也可以成为乐观向上的人。 方法一是提高文化水平，二是加强道德修养。 人的性格的形成是受人的文化水平和道德水平影响的。 有文化、有道德的人，就有理智感，就能以正确的态度去对待现实生活，这就有助于形成良好的性格特征。

（8）取人之长，补己之短。 "人海茫茫，风格各异"，"金无足赤，人无完人"。 要善于正确地自我评估，辩证地对待自己的优缺点，好的使之进一步巩固，不足的努力改正，取人长，补己短，有则改之，无则加勉。 久而久之，就能使不良性格特征得到克服和消除，良好性格特征得到培养和发展。 例如张飞以前十分鲁莽、冒失，自从在诸葛亮帐下听命后，学习诸葛亮一生为人谨慎的优点，后来在一系列的军事活动中就能看出张飞已具有机智、细心等性格特征了。 因此，每一个人只要肯下功夫，有意识地培养，都可以把自己塑造成为一个性格完美和高尚的人。

培养良好的性格，对自己、对集体都有极其重要的意义。 一个有自制力、主动、果断、坚毅的人，能够很好地安排自己的生活和工作，能够正视现实、克服困难，在事业上取得成就。 相反，如果缺乏良好的性格品质，就会影响工作、学习和生活。

培养成熟的个性

　　年轻人都希望能有所作为。殊不知，事业同培养自己成熟的个性也有极为重要的关系。

　　纵观历史上杰出的人物，大都是一些个性成熟、程度较高的人。居里夫人两度获诺贝尔奖，爱迪生一生搞出了近两千项发明，这些无不与他们具备成熟的个性密切相关。正因为如此，爱因斯坦独具慧眼地发现了这个秘密，他说："不深入研究科学创立者的个性发展，虽然可以了解和分析科学的内容，但是，在这种片面客观的叙述中，某些步骤有时可能看来是偶然的成功……只有在对他们的智力发展进行深入研究的情况下，才能理解这些步骤是怎样成为可能的，甚至是必要的。"由此看来，培养成熟的个性，实在是走向成功的重要阶梯。

　　那么，什么叫成熟的个性呢？

　　所谓个性，通常是指一个人的气质、性格和能力。所谓成熟，它包括成长、发展所能够达到的水平和发展过程中的机能结构的变化。具体可分为身体的成熟、情绪的成熟等。

　　对此，社会心理学家进行了广泛研究。比较一致的认识是：具有成熟人格的人，是能够最大限度地发挥自己的精神力量，并与环境建立起和谐关系的人。美国心理学家马斯洛挑选了一些可称为"最充分发挥作用"的人进行研究。他发现这些人的个性特征虽然极不相同，但是都有一些共同的心理特征，主要有以下12项：

　　（1）在对现实的客观知觉方面，能明确区别已知和未知、事实和对这些事实的意见、事物的本质和表面现象。

（2）能正确看待自己、别人和世界。

（3）非利己主义，追求目标高远，不搞内部摩擦。经常考虑"我对单位有什么贡献？""企业对社会能有什么贡献？"

（4）能忍受孤单和寂寞。

（5）有创新能力。

（6）行为自然，但不打算由于矛盾而简单地破坏常规。

（7）看人重实际而不重表面，对有良好性格的人抱有友爱态度，无出身、门第、地位的偏见。

（8）对部分人常有深深的依恋，不无端的敌视别人。

（9）能清楚地辨别善恶，其实际行动与道德认识一致。

（10）具有相对摆脱现实环境的独立性。

（11）意识到目的和手段的区别，既注重目的，也不忽视手段。

（12）超然于琐碎事物之上，有广阔的视野和远见，其活动以是否具有价值为指南。

这些特点又可分成三个方面：主体内部特征、主客体关系特征和人与人之间关系特征。能客观地观察问题、有较强的工作能力等都属于主客体关系范畴的个性特征；行为自然、正确看待自己、独立自主精神等，属于主体内部个性特征；善恶分明、非利己主义、不无端敌视别人、无地位偏见等，属于人与人关系范畴的个性特征。这三个方面的恰当结合，就形成了成熟的个性。

不成熟个性的特征，其表现则主要有以下10项：

（1）残留着对双亲的依从。

（2）通常由于胆小不愿意走向社会。

（3）行为出于利己的动机。

（4）缺乏独立性、自觉性。

（5）情绪不稳定，攻击性或逃避性行为偏多。

（6）为人不可靠，没有责任感，不宽容。

（7）生活图一时快乐。

（8）劳动不认真。

（9）不能正确认识世界和自己。

（10）不能同别人建立和谐的关系。

这些特征也可归结为主体内部、主客体关系、人与人关系等三方面特征。不成熟的个性往往在人生道路上形成巨大的障碍，甚至使人终生平平庸庸、碌碌无为。

追求个性成熟的生活品性，应该努力做到以下几点：

（1）意志坚毅。在个体时代中，意志坚毅是一项首要的品性。它使个性顶住种种压力，永远立于不败之地。首先顶得住压力，然后才能克服压力。意志坚毅的人，懂得执着于目标，能够推开不必要的生活，抗干扰能力极强。意志坚毅的人，保持着个性，守护着个性的每一道可能存在的缺口，个性得以确保完整。

（2）想象力丰富。想象力最终将把生活引领到"美丽"境界，意即美丽人生。美不是美学家的专利，想象力是人类共通的一道风景，个性最容易在这方面形成巨大的共鸣。想象力是驱使你向前的动力，使你即使处于生活低潮，依旧不会迷失方向，不会备感无力地听天由命。想象力作为个性的舵手是合适的。生命罗盘几乎就是按想象力的大小制造的。想象力最明确的一点就是它的未来指向。它的品性将给个性增添美丽的光彩。

（3）自我认识客观。"认识你自己"这个命题太古老了，却历久弥新，是每个人必须时时面对的问题。认识自我在个性的品性中表现为自我意识和自知之明两个方面。人类早在婴儿期就开始具有自我意识了，成熟的自我意识应该是相信自己是独一无二的。自知之明却是一道安全门，它有利于正确疏导自我意识中的狂妄部分。

我们怎样看待自己，不但影响自己的态度和行为，也影响我们看待他人。除非同时认清自我，又考虑到他人，否则我们无法了解他人的世界。当一个人对自己的定义是来自外在力量时，极有可能会将他人眼中的我和真正的自我搞混淆。他可能就接受这个形象，而忘记个性，从而拒绝更好的选择。

克洛斯克博士做过一个试验，他让人们记下他人的看法，再把这些和真正的自我比较，结果发现，大多数人的个性形象过分依赖他人的观感。这是在不知不觉间形成的，是一剂慢性毒药。

对于中毒已深的个性，总希望别人给一剂解药，结果陷入更深的歧途。

要肯定一个人的价值和潜能，也就是要肯定一个人的个性，就必须以诚相待，以他的个性为基准，而不是以他的行为来评价。你必须先了解自己，才能了解别人。若不了解自己，无法掌握个性，也就很难喜欢自己了。

（4）智慧完善。个性在这一品性表现出同情他人和宽容的优秀品质。完善的智慧有利于解除过分戒备的紧张心理状态。有许多人，他们的本质是善良的，但在做事之前就有一个顾虑的算计，这个算计并非要将他人之物夺过来，而是试图将属于自己的部分紧紧抱住，不被他人抢夺。这样的顾虑无利于事情的进行，最终会毁了自己。而具备完善智慧的个性却表现为宽容与合作的态度，他不害怕别人的算计，只把目光盯在正在进行的事情上，最后凭智力取走理应属于自己的成果，这样的人永远有不可动摇的安全感。

（5）勇敢。勇敢永远是人类推崇的个性境界。勇敢的个性表现为大度和从容，因为心无畏惧，没有理由不表现为大度和从容。大度使人不怕损失，他有绝对的信心挽回损失。 从容使人能够冷静地判断问题，能够体贴别人。

勇敢真是一件不容易的事。 它的根基必须扎在高度的自信心上。 血气之勇不是勇敢。 勇敢的个性能够笑对大业和琐事，能够将压力转化为动力。

（6）创造力。 牛津大学提倡充分发挥创造力，非常注重培养具有创造力的思维方式。 没有创造力的个性是轻浮的，不可能在生活中站住脚，一阵风足够摧毁它。

（7）超越自我。 在个性的世界中，超越自我是自己对自己的战斗。 质和量都必须具备最强的突破力，这是一个永不停息的从不间断的自救行为。

一个成熟的个性是能够洞察自己的弱点的，能够有意识地寻找知识和力量来克服它，从而有效地解脱自身的束缚。

培养坚强勇敢的个性

在现代社会中，相当一部分人还不具备时代所需要的那种坚毅勇敢、冷静顽强、有胆有识、一往无前的英雄豪气。相反，倒显得十分软弱和拘谨。并不是所有的人都敢于像当年的高尔基那样面对世界这样说："我要把人间和天上的一切奥秘统统揭开"。也不是所有的人都有勇气像赫赫有名的超人那样，到竞争最激烈的前沿去拼搏、去冒险。在这样一个特别需要勇气、魄力、创造力和自信力的时代，我们终于发现：在我们的性格中，多了一点谦卑和懦弱，少了一点刚强和勇敢。给我们的性格熔进更多的钢和铁，使我们的性格更坚强，乃是我们这代人性格修养的重要任务。

坚强的性格，首先表现在不怕挫折和失败，能够经受数十、数百乃至成千次挫折和失败的打击，而能矢志不移、不屈不挠、顽强不折。强者和弱者的区别，很大程度就是表现在对待失败的态度上。世界上的事情往往是这样：事业未成，先尝苦果；壮志未酬，先遭失败。而且，失败常常专跟强者作对。原因很简单：低的目标容易达到，弱者胸无大志，目标平庸，几乎不经过什么失败就能如愿以偿；而越高的目标难度就越大，失败的机会也自然就越多。有的人渴望成为强者，但却经受不住失败的打击。他们经过一番的奋斗，遭到一次乃至几次失败后，便偃旗息鼓、罢手不干了；因而最终只能和一事无成的弱者为伍。

有人认为：经受住数十、数百次失败的打击而精神不垮，大概需要钢筋铁骨般的坚强意志，一般人是难以做到的。实际上未必如此。坚强的毅力并不单纯来自忍受，而首先是来自明智和豁达。

忍受失败的毅力，主要来源于对失败的科学认识和正确评价。 强者认识到没有失败就不会有成功，失败里面就包含着成功。 他们把开拓新路中遭遇到的失败看作是理所当然的事，有着足够的精神准备。 他们也认识到一次失败即是一次经验的积累，因而能在失败中看到成功的因素。 被失败所打倒的人，与其说是害怕失败，不如说是对失败缺乏正确的认识。 许多人把失败看作一种不幸和灾难，在事情刚开始之时，就抱有"只许成功不许失败"的想法，这不仅是不现实的，也是不明智的。 "胜败乃兵家常事"，不仅"兵家"做什么事都会存在或胜或败两种可能性。 在行动前只做成功的打算，不做失败的准备，这只会削弱对失败的心理承受力，从而在失败面前变得十分脆弱。

许多人往往不能认识到表面上的失败从长远看很可能是有益的。 在他们看来，要么失败，要么成功，既然失败了，那就不会成功。 而事实上，事情的结局并不能做"要么成功、要么失败"的简单划分，介于失败和成功之间的情况是很多的，在"我失败了三次"和"我是个失败者"之间有天壤之别。 而且，心理上的失败也不等于实际上的失败。 有的时候，心理上感到失败了，而实际上他正在前进过程之中。 而一个人只要心理上不屈服，他就没有真正失败。 功亏一篑，亏就亏在心理的失败上。 如果你在失败时，仍能表现得像一个胜利者，信心十足，充满干劲，那情况会大不一样。别人会认为，你的失败是环境所致，你是一个失败的强者，你会继续干下去，直到取得胜利。 由此可见，失败者和成功者这几个字很难恰当地用在一个复杂的、活生生的、总是在改变的人身上，它们只能描述某个特定时间、特定地点的情况。 此时的成功可能连着彼时的失败，这项工作的失败也许正蕴含着另一项工作的成功。 对事情只做成功和失败的机械划分，这是十分有害的。

爱出风头的人，错误地认为荣誉不能和失败连在一起，似乎承认了失败，就玷污了荣誉，一遭到失败，就感到丢了面子。因此，在失败面前，他们或者一蹶不振；或者采取不承认主义，硬撑面子；或者怨天尤人，怪天怪地。这种人看起来十分要强，实际上不堪一击，是不折不扣的弱者。生活中，曾经有不少具有宏图大志的人，就因为一次失败，而把以前所有的胜利一笔勾销，彻底垮了下去。有一位大学生各门功课皆优，只因一次歌咏比赛中唱砸了，竟觉得无地自容，留下了一封对谁也没有责备的遗书，离开了人世。无疑，他想在各方面成为强者，但是却经不住一次打击，因而实际上成了十分软弱的人。古人早就说过："能胜者能不胜者谓之勇。"不仅能够安于胜利和成功，对待挫折和失败也能安然处之，才是真正富有理性的勇士。只有不怕失败的人，才是真正的英雄。

许多人在看到强者的成功时，羡慕不已，却对自己行动中哪怕是微不足道的一点失败都沮丧不已，这绝算不上"大丈夫"的行为。想要成就大事业，就不要害怕和失败打交道。一位立志改革的人说："如果我不会出错，那么我就不是在探索。"美国有一家鼓励创新的企业，鼓励创新的内容之一就是"允许失败"。这家企业的负责人说："只要你不心甘情愿地接受错误，你就不能创新。如果你拒绝了失败，实际上你也就拒绝了成功。"这里所包含的，就是胜和败的辩证法。

还有的人之所以害怕失败，是因为不懂得到底怎样才能"吃一堑，长一智"。失败除了带给他沮丧以外，没有给他带来任何东西，因而他自然而然地把失败看成可怕而又糟糕的事。失败从不会让人高兴，但一旦你学会利用它，它就会为你做出积极的贡献。比起重复过去的成功来，失败是个更好的老师。重复过去的成功不见得使你学到新东西，而失败则肯定能给你以新的教益。你可以从一个组织得一团糟的聚会中学会怎样组织一个成功的聚会，你也可以从一系列失败的方案中理出比较可行、比较成功的方案。 总之，只要你动脑解剖失败，从失败中挖掘教益，你就能更快地从失败中走出来。

如果我们对失败有了正确的认识，而且对失败采取了正确的态度，那么，我们就不会被失败所打倒，屡经失败而不悔的顽强性格也就自然形成了。

走出自我封闭

中国有句"少年老成"的成语，用来赞扬那些看起来不动声色、善于掩盖自己真情实感具有老成性格的年轻人。过于沉重的历史负担和种种无形的陈规陋习，使许多人误以为冷淡和不显露感情是成熟的标志。我们所受的早期教育总是要求我们刻意修饰自己的形象，要显得稳重并循规蹈矩。我们日益变得只相信"规范""责任"等抽象的概念，终日受到种种担忧顾虑的干扰和威胁，而不再倾听自己内心的呼唤。

自我封闭的性格不仅使我们的生活变得寂寞、沉重、多疑和孤僻，而且使我们一度拥有的创造能力丧失殆尽。与成年人相反，儿童更多的是使用大脑的右半球，那是人的智慧中枢和想象力、创造力的发源地。大脑左半球是人的逻辑中枢，储存着成人后掌握的种种规范和观念。如果左脑半球的发展压抑了右脑半球的活动，人们不再能无忧无虑地创造自己的生活了。欧洲画坛大师马蒂斯大声疾呼，艺术家一辈子都应该像孩子一样去看世界，"因为丧失这种能力，就意味着同时丧失了每一个独创性的表现"。

天性开朗、热情、奔放的人根本就没有必要追求少年老成的效果，以至于制造出一副扭曲的性格，它比肢体的残疾更要令人悲哀。装出一副老于世故的外表和麻木不仁的面孔去迎合某种观念和大众化的口味，是脆弱、怯懦的表现。走出自我封闭的圈子，注意倾听自己心灵的声音并大胆表现才是美好和幸福的。当我们要压抑自己的感情，想把它封闭起来时，我们有必要反躬自问：我怕的是什么？我为什么不能更自由、更真实地生活在世界上，而不是生活在面具里？

有所作为的人从不掩饰自己的真情。罗斯福会发出孩子般爽朗的笑声；丘吉尔会为了区区小事就大失身份地和自己的男仆争吵起来；列夫·托尔斯泰听柴可夫斯基弹琴时当众流出了泪水；大书法家米芾给友人写信写到"芾再拜"时，竟恭恭敬敬地站起身来，向桌子拜了下去。用世俗、功利的眼睛又怎么可能理解这些名人的率真行为？

罗斯福总统的夫人艾莲娜有一次犹豫不决，下不了决心是否去做某件事，她向经济学家巴鲁克请教："我的头脑叫我去做，可我的心叫我不要做。"巴鲁克的忠告是："有疑问时，遵从你的心。如果因为遵从你的心而做错了事，不会觉得太难过。"为了你生活得更快乐、更有意义，请你摘下导致自我封闭的面具。克服封闭性格，可以从以下几个方面入手。

1．信任他人

如果你对新结识的人表现冷淡，这往往意味着你对人的信任感和孩子般天真的直觉已被自我封闭的重压毁灭了。那么，你就不会从周围的人群中获得乐趣。这时，你应该放松自己紧张的生活节奏，不妨和初次见面的人打招呼；或者在你常去买东西的小店里和售货员聊聊；或者和刚结识的新朋友一道参加郊游。努力寻找童年时交友的感觉，信任他人和你自己，而不要每时每刻都疑窦丛生。

2．学会对自己说"这没关系"

孩子们经常发出无缘无故的笑声，他们的烦恼从不闷在心里。我们常常会被生活中各种各样伤脑筋的事压得两腿打战。其实，生活中果真有那么多的烦恼吗？许多事并没有什么大不了的，只是我们把它放大了而已。 我们要学会对自己说"这没关系"，这样，我们的生活中就会常常充满开怀的笑声。

3. 顺其自然地去生活

不要为一件事没按计划进行而烦恼，不要为某一次待人接物礼貌不够周全而自怨自艾。 如果你对每一件事都精心策划，以求万无一失的话，你就不知不觉地把自己的感情紧紧封闭起来了。 你已经忘记了自己小时候是一副什么样子。 应该重视生活中偶然的灵感和乐趣，快乐是人生的一个重要价值标准，有时能让自己高兴一下就行，不要整日为了一个明确目的、为解决某一项难题而奔忙。

4. 不要为真实的感情梳妆打扮

如果你和你的挚友分离在即，你就让即将涌出的泪水流下来，而不要躲到盥洗室去。 为了怕人说长道短而把自己身上最有价值的一部分掩饰起来，这种做法没有任何道理。 生活中许许多多的事都是这样的，遵从你的内心，听从你内心的声音，正如巴鲁克教授所说，这样即使做错了事，我们也不会太难过。

及时优化敏感性格

敏感型性格的人多属于神经质气质，这种气质的人大都神经过敏，常常自卑胆怯、小心谨慎、强迫症明显。 神经过敏是他们最主要的特征，并由此特征导致了其他特征的产生。

虽然敏感型性格的先天因素很强，但后天因素的影响也有相当重要的作用。 尤其是在幼儿时期，如果长期处于一种容易受刺激的环境之中，久而久之就会特别敏感，从而形成敏感型性格。

根据埃里克森的个性发展论，性格是在人的内动力和外环境产生和解决矛盾的过程中发展起来的，具有阶段性：婴儿期、幼儿期、学龄前期、学龄期和青春期。 这五个阶段是性格形成的重要时期，青春期心理发展似骤风暴雨，如果因为性发育的困惑得不到正确疏泄，或在感情、伙伴关系、职业选择、价值观上处理不当，可发生自我意识混乱，使潜在的消极性格特征浮升为主体特征。

这就是一些人小时候并不显示出其敏感的性格，成人后却变得十分敏感的原因。 但是，大部分具有敏感性格的人都具备先天因素，只不过在某一阶段隐藏较深，与外部环境没有激发而已。 所以敏感性格的形成也是多方面的。

1. 敏感型性格的优点

尽管敏感型性格也有难以避免的缺点，如他们很容易神经过敏，会因感情用事而引起不必要的麻烦，但他们通过可独特的想象力、敏锐的感悟力，在对目标的追求中实现自我价值。 敏感型的人适宜高智力的活动，他们可以运用创造性想象及推理方面的特长创作文学作品。 他们还可以选择担任军事指挥，因为他们拥有别人没有的感悟能力，一件事普通人可能毫无知觉，但敏感型的人却早早意识到了它的不同之处。

著名歌星迈克尔·杰克逊天性敏感、柔弱。他从小就是个内向、文静的男孩，虽然有着极高的音乐及舞蹈天赋，但他却很害羞，这样的性格是不适合在歌坛上闯荡的，但他很小就涉足了这个领域，这本来就是一种很矛盾的情况，所以导致他永远都处于自我与周围世界交流的两难处境中。即使到了成名后多年，在现实生活中，他在心理上始终存在着某些令他无法与现实世界沟通的障碍。

舞台上的他疯狂、热情，但现实中的他却是个非常孤僻的人，一个极端自我封闭的人，一个极其容易受伤害的人，一个几乎完全生活在儿童世界里的人。

2. 敏感型性格的缺点

一般来说，过度敏感者有以下缺点：

（1）性情古怪，人际关系紧张。 过度敏感者容易兴奋，对刺激极为敏感，这样就导致很多心态交替影响行动，具体表现为多疑、偏见、固执、容易激动、爱生气，给人的感觉是脾气古怪。 其实有的过度敏感者已经不同程度地患上了神经衰弱症和神经官能症，究其病根，就在于长期的过分敏感、过度紧张，引起大脑神经兴奋与抑制失调。 由于失调，身体便会出现不适感，长期大量的身体不适又加深大脑功能的进一步紊乱，形成了一种恶性循环。

现实生活中，我们很少发现性格过度敏感者是身体十分健康的，原因就在于此。尤其是一些女性多具有这种性格，有的很悲观，总认为自己有病，经常把心思集中到自己的病上，陷入不能自拔的境地。这样在常人眼里便觉得有些古怪，加上每天生活中有一些小事，比如小摩擦，性格敏感者总是斤斤计较，搞得周围的人都感到紧张。

《红楼梦》里的林黛玉就是典型的敏感性格，从她刚进贾府的那种表现就可看出。她的性格养成大概和她自幼丧母有很大关系，加之又寄人篱下，使得有很多人不喜欢林黛玉而喜欢薛宝钗是非常可以理解的，至少薛宝钗在处理人际关系方面就要比林黛玉高明得多。

（2）缺少自信，生活无趣。虽说过度敏感的人不擅长处理人际关系，但并不是说他们对别人不关心，恰恰相反，他们十分在意别人的一举一动，尤其是关于自己的。由于自身极强的感受力，所以他们活得比较累，特别在意自己在别人心目中的形象，总是千方百计地把自己树立为受欢迎或受羡慕的对象。表面看来，性格过度敏感者不合群，比较自主，实际上不是这样，他们也渴望到人群中去，只是害怕别人的一言一行对自己造成伤害，这种伤害对自己的自信心造成的打击又十分强烈。

所以，过度敏感者还是活在别人的眼光里，是缺少自信的。不是不愿与别人建立良好的人际关系，而是本身固有性格使他们不能搞好人际关系，与别人相处，他们会觉得非常辛苦。人家实际上说的是一些与他毫不相干的话，他却认为是针对自己的，自己经常处于紧张的警戒当中，生活自然显得无趣了。

虽然，性格过度敏感者的感觉先行一步，善于捕捉还未出现的信息，但往往由于其糟糕的人际关系，缺少组织协调能力，再加上柔弱的个性，他们很少取得成功。

3. 如何调适敏感型性格

（1）学会强化自己。 在生活中很多过度敏感者总是以别人的评价为转移，以别人的好恶为是非。 这种人长期跟着别人转，只会使自己变得更加敏感，要避免这种"过敏心理"，唯一的途径就是强化自己。 如果你继续放任这种"过敏心态"，它将会给你现在和将来的社会活动带来数不清的麻烦。

如果别人用异样的眼光盯着你时，你不必局促不安，也不必神情窘迫，更不要用怪诞的眼光和他对视，你只要用你的眼睛平和地接住对方的目光即可。 久而久之，你就会发现自己就是自己，别人也会发现你的优点和长处。 乐意与人交往，你可以自如地生活在千万双眼睛织成的人生网络里。

（2）认识自己，善待自己。 认识到自己不能代替别人，别人也代替不了自己，别人不会事事强过自己，自己也不可能事事出人头地。 要有大处着想的胸怀，敢于公开自己的优缺点，而不是去掩饰，要有"走自己的路，让别人去说吧"的勇气。

（3）不计较小事。 每天的生活中有无数的小事，人际交往中不可避免地有矛盾、冲撞甚至冲突，这些都是正常的。 有些小事发生就发生了，把它当作雨过云消就可以了，何必拿一点小事跟自己过不去呢？ 与其一个人待在一间屋子里胡思乱想，不如找几个人痛痛快快聊聊。 如果一个人被生活中的烦琐小事牵着鼻子走，人就会变得琐碎，不仅不讨人喜欢，而且自己也会烦恼不断。

（4）加入集体，放松身心。 多参加一些集体活动，常坚持体育锻炼，对过度敏感者大有益处。 参加集体娱乐时发生敏感干扰时，自己马上要意识到放松，用松弛身心的办法来化解困扰。 比如自我暗示、转移注意力、改变话题、有意避开现场等，都能收到良好的效果。 另外，可以多读一些有益的书籍，使自己的敏感控制到恰到好处，会使你的人际交往不再是难题。

（5）调整心态。 敏感是你的性格优势，敏感者不是自卑者。所以，意识到自己敏感，或者别人说你特别敏感一定不要自卑，相信敏感总比感觉迟钝要好。

（6）学会包容。 对别人关于你的言行别放在心上，反复对自己说"他的动机是好的"。 或者坚持认为他是口误或一时冲动。 这样有助于和别人交往。

（7）增加自信。 认为自己有很多优点，别人应以自己为榜样，而不是以别人的眼光指挥自己的行为。 想象生活中的诸多乐趣，认定生活是美好的，挫折和失败永远都只是暂时的。 不要把生活看成是灰色的。 关注大事，忽略小事，有意培养自己的"粗心大意"，很多问题不必问"为什么"。

第四章

你在思考什么:格局打开思路

像天才一样思考

天才的见解是如何产生的？创造出《蒙娜丽莎》和相对论的思维方式有哪些共同之处？爱因斯坦、爱迪生、达·芬奇、达尔文、毕加索、米开朗琪罗、伽利略、弗洛伊德和莫扎特这样的天才们的思维方式有哪些特点？我们能从他们身上学到些什么？

一般人的思维方式通常是复制性的，也就是说，以过去遇到的相似问题为基础。遇到问题的时候，我们就会这样想："我在生活、教育及工作中学到的知识是怎样教我解决这个问题的?"然后我们就会选择以经验为基础的最有希望的方法，排除其他一切方法，并沿着这个明确界定的方向去解决问题。这些以经验为基础而采取的步骤的可靠性使我们对于结论的正确性非常自负。

相比之下，天才的思维方式则是创造性的。遇到问题的时候，他们会问："能有多少种方法看待这个问题?""怎样反思这些方法?""有多少种解决问题的方法?"他们常常能提出多种解决问题的方法，而且有些方法是非传统的，甚至可能是独特的。

运用创造性的思维，你就会找到尽可能多的可供选择的解决方法。你在考虑可能性最大的方法时也考虑了可能性最小的方法。所以，重要的是乐意挖掘所有的方法，即使你已经发现了一种很有希望的方法。曾经有人问爱因斯坦，你与普通人的区别在哪里。爱因斯坦回答说，如果让一位普通人在一个干草垛里寻找一根针，那个人在找到一根针后就会停下来；而我则会把整个草垛掀开，把可能散落在草里的针全都找出来。

诺贝尔奖获得者理查德·费因曼在遇到难题的时候总会形成新

的思考方法。 他觉得，自己成为天才的秘密就是不理会过去的思想家们如何思考问题，而是创造出新的思考方法。

复制性思维方式会使思想僵化，如果你永远按照常规的思路去思考，你得到的也永远是惯常的东西。

之所以说天才的思维与生物进化相似，是因为天才需要对事物做出多种多样的无法预知的选择和推测。 天才在众多的选择中保留下最佳的思路，以便于进一步的发展和交流。 这种理论的一个重要方面是，你需要掌握某些创造不同思路的方法，而且要使创造不同思路的方法确实有效，它必须是"盲目的"。 盲目的变化意味着脱离(已经获得的)复制性知识。

越来越多的学者试图总结天才们的思维方式，这些学者在研究了世界上最伟大的思想家的笔记、信件、谈话和思想以后，归纳出天才们具体采用的思维方法和思维策略，发现这些方法和策略使天才们产生了无数种新奇而独到的见解。

天才们往往善于发现某个他人没有采用过的新角度。 达·芬奇认为，为了获得有关某个问题的构成的知识，首先要学会如何从许多不同的角度重新构建这个问题。 他发现自己看待某个问题的第一种角度太偏向于自己看待事物的通常方式，他就会不停地从一个角度转向另一个角度，重新构建这个问题。 他对问题的理解随着视角的每一次转换而逐渐加深，最终便抓住了问题的实质。

事实上，爱因斯坦的相对论就是对不同视角之间关系的一种解释。 弗洛伊德的精神分析法旨在找到与传统方法不符的细节，以便发现一个全新的视角。

文艺复兴时期，人类的创造性得到了迅速发展。 这种发展与图画和图表对大量知识的记录和传播密切相关。 比如，伽利略用图表形象地体现出自己的思想，从而在科学上取得了革命性的突破。 而他的同时代人使用的还是传统的数学方法和文字方法。

天才们一旦具备了某种起码的文字能力，似乎就会在视觉和空间能力方面形成某种技能，使他们得以通过不同途径灵活地展现知识。 当爱因斯坦对一个问题做过全面思考以后，他往往会发现，用尽可能多的方式表述思考对象是必要的。 他的思想是非常直观的，他运用直观和空间的方式思考，而不是纯数字或文字的推理方式思考。 爱因斯坦认为，文字和数字在他的思维过程中发挥的作用并不重要。

物理学家和哲学家戴维·博姆认为，天才之所以能够提出各种不同的见解，是因为他们可以容纳相对立的观点或两种互不相容的观点。 研究创造过程的著名学者艾伯特·罗腾伯格指出，许多天才，包括爱因斯坦、莫扎特、爱迪生、巴斯德、康拉德和毕加索等等，都有这种能力。

物理学家尼尔斯·玻尔认为，如果你把两种对立思想结合到一起，你的思想就会暂时处于一种不稳定的状态，然后发展到一个新的水平。 这种思想的"悬念"使思考能力之上的智力活跃起来并创造出一种新的思维方式。 对立的思想纠结缠绕为新观点的奔涌而出创造了条件。 玻尔创造并协原理的能力来源于他把光想象成一种粒子和一种波。 托马斯·爱迪生发明的实用照明装置就需要在灯泡中把并联线路与高电阻细金属丝相结合。 而持传统观点的人认为，这两样东西根本不可能结合。 因为爱迪生能够允许两种互不相容的事物同时存在，他就能够看到一种他人看不到的关系，从而有所突破。

亚里士多德把比喻看作天才的一个标志。 他认为，这是一种特殊的思维方法。 如果相异的东西从某种角度看上去确实是相似的，那么，它们从其他角度看上去可能也是相似的。 亚历山大·格雷厄姆·贝尔把耳朵的内部构造比作一块极薄的能够振动的钢片，并由此发明了电话。

富有创造性的天才们知道如何运用这些思维方法，并且教其他人使用这些方法。社会学家哈丽雅特·朱睿蔓发现，恩里科·费米培养出了 6 名像他一样获得诺贝尔奖的学生。欧内斯特·劳伦斯和尼尔斯·玻尔各有 4 名学生获得诺贝尔奖。英国物理学家约瑟夫·汤姆森和欧内斯特·卢瑟夫一共培养出 17 位诺贝尔奖获得者。上述这些诺贝尔奖得主不仅自己富有创造力，而且能够教授他人如何创造性地思考问题。

认识到天才们共同采用的思维方法并且运用这些方法，就可以帮助你提高在工作和个人生活中的创造力。

思维模式是人的智力因素和非智力因素的综合体，它反映了每个人的思维个性和思维特征。思维模式的形成与遗传、家庭、生活环境、教育、职业、个人经历等有密切的关系。思维模式的类型多种多样，很难做清晰的界定，如积极主动的思维模式、循规蹈矩的思维模式、军人的思维模式、商人的思维模式、科学家的思维模式等等。对于孩子来说，其早期思维模式的养成和塑造非常重要，有些思维模式甚至会影响人一生的发展。俗话说"三岁看老""江山易改，本性难移""性格即命运"等等，讲的就是这个道理。由于思维模式的多样性和复杂性，因此很难预先设定每个人应该塑造什么样的思维模式和怎样塑造思维模式，只能靠施教者因势利导和自己不断的揣摩来提高。不过从持续发展的角度看，我们应该有意识在各方面培养自己的自觉主动型思维模式和创造型思维模式。

多角度思考问题

从不同角度思考同一事物的能力，是思维的一个特点。日本的学者比嘉祐典用比喻式的语言，说明了多角度思考的重要性，他说："我们应当学会从各个角度看问题。一样东西，从坐着、站着、蹲着、躺着、站在凳子上等各个不同角度去看，就会看到不同的样子。"

苏轼《题西林壁》一诗，就是从不同角度观察同一事物，可得出不同结论的恰当而又形象的范例："横看成岭侧成峰，远近高低各不同。"这个观看同一个庐山而观看结论的"各不同"，就缘于观察者所处位置和角度的"各不同"。

鲁迅在《〈绛洞花主〉小引》中这样说过："《红楼梦》是中国许多人所知道，至少，是知道这名目的书。谁是作者和续者姑且勿论，单是命意，就因读者的眼光而有种种：经学家看见《易》，道学家看见淫，才子看见缠绵，革命家看见排满，流言家看见宫闱秘事。"面对同一个《红楼梦》，由于读者的社会身份和立场的不同，也就形成不同的"眼光"。

教育家杜威也表示过同样的意思。他说："在马市上看到一匹马，不同的人看到的内容是不同的。动物学家、骨骼学家和马贩子分别看到的是：它的进化程度、成熟程度和值多少钱。"面对同一匹马，三种不同职业的人，站在不同的立场，其视角和结论就迥然有别。

虽然人们看问题的角度是各不相同的，但人们看问题也有共性，因为基于经验和教育，人类存在某种相同的思维定式。只有那些出类拔萃的人，才善于从别人未想到的角度去思考问题，发现别人没有发现的思考角度。

我们经常会碰到以下两类问题：一类问题很明确，而这个问题的正确答案往往也是唯一的；另一类问题，就是可能有多种答案的问题，甚至问题在开始时并不十分明显。日常生活中遇到的大量问题都是属于后者。

核物理学之父欧内斯特·卢瑟福在担任皇家学院院长时，有一天接到一位教授打来的电话："院长大人，我有个不情之请，要拜托你帮忙。"

"大家都是老同事，干吗这么客气？"

"是这样的，我出了一道物理学的考题，给了一个学生零分，但这个学生坚持他应该得到满分。我和学生同意找一个公平的仲裁人，想来想去就阁下你最合适。"

"你出的是什么考题？""考题是：如何利用气压计测量一座大楼的高度？校长大人如果是你怎么回答？"

"还不简单，用气压计测出地面的气压，再到顶楼测出楼顶的气压，两压相差换算回来，答案就出来了。当然也可以先上楼顶量气压，再下到地面量气压。只要是本校的学生都应该答得出来。"

"对，你猜这个学生怎么答？他答说：先把气压计拿到顶楼，然后绑上一根绳子，再把气压计垂到一楼，在绳子上做好记号，把气压计拉上来，测量绳子的长度，绳子有多长，大楼就有多高。"

"哈，这家伙挺滑头的。不过，他确实是用气压计测出大楼的高度，不应该得到零分吧？"

"他是答出了一个答案，但是这个答案不是物理学上的答案，没办法表示他可以合格升到下一个进阶的课程啊！"

卢瑟福第二天把该学生找到办公室，给学生六分钟的时间，请他就同样的问题，再作答一次。卢瑟福特别提醒答案要能符合物理学的角度。

一分，两分，三分，四分，五分钟过去了，卢瑟福看学生的纸上仍然一片空白，便问："你是想放弃吗？"

"噢！不，卢瑟福院长，我没有要放弃。这个考题的答案很多，我在想用哪一个来作答比较好，你跟我讲话的同时，我正好想到一个挺合适的答案呢！"

"对不起，打扰你作答，我会把问话的时间扣除，请继续。"

学生听完，迅速在白纸上写下答案：把气压计拿到顶楼，丢下去，用码表计算气压计落下的时间，用 $X = 0.5 \times a \times t2$ 的公式，就可以算出大楼的高度。

卢瑟福转头问他的同事，说："你看怎样？""我同意给他九十九分。"

"同学，我很好奇，你说有很多答案，可不可以说几个来听听？"

"答案太多了，"学生说，"你可以在晴天时，把气压计放在地上，看它的影子有多长，再量出气压计有多高，然后去量大楼的影子长度，同比例就算出大楼的高度。

"还有一种非常基本的方法，你带着气压计爬楼梯，一边爬一边用气压计做标记，最后走到顶楼，你做了几个标记，大楼就是几个气压计的高度。

"还有复杂的办法，你可以把气压计绑在一根绳子的末端，把它像钟摆一样摆动，通过重力在楼顶和楼底的差别，来计算大楼的高度。或者把气压计垂到即将落地的位置，一样像钟摆来摆动它，再根据'径动'的时间长短来计算大楼的高度。"

"好孩子，这才像上过皇家学院物理课的学生。"

"当然，方法是很多，或许最好的方法就是把气压计带到地下室找管理员，跟他说：先生，这是一根很棒的气压计，价钱不便宜，如果你告诉我大楼有多高，我就把这个气压计送给你。"

"我问你，你真的不知道这个问题传统的标准答案吗？"

"我当然知道，校长。"学生说，"我不是没事爱捣蛋，我是对老师限定我的'思考'感到厌烦！"

卢瑟福遇到的学生名叫尼尔斯·玻尔，是丹麦人，他后来成为著名的物理学家，在1922年获得诺贝尔奖。

科学家哈定说："所有创造性的思想家都是幻想家，而幻想主要是靠发散性思维。"事实上，多角度思考问题就是一种发散性思维，而发散性思维是突破原有的知识圈，以一点向四面八方扩散，沿着不同方向、不同角度进行思考的方法，它是通过知识、观念的重新组合，找出更多更新的可能的答案、设想或解决办法。

思考问题不能只看眼前

有这样一个有趣的故事:

有一个美国人,一个法国人,一个犹太人,在同一天被关进了监狱,刑期都是三年。有一天,监狱长对他们说:"你们现在每个人可以向我提一个要求,只要合法,我一定满足。"

美国人说:"我要够我三年抽的烟草。"

法国人说:"我要一个美丽的女人。"

犹太人说:"我要一部联网的电脑。"

三年过去了。

美国人从监狱中冲了出来,满脸烟末,狂吼着要打火机。

法国人和一个女人从监狱里出来,他抱着一个孩子,那个女人领着一个孩子,女人的肚子里还怀着一个孩子,两人都一脸愁容——三个孩子,怎么养活?

只有犹太人出来时满面春风,他握着监狱长的手说道:"谢谢你了,多亏了这部电脑,三年中我的生意不但没有中断,还扩大了两倍,为了表示谢意,我送你一辆奔驰。"

上面故事中的犹太人,在考虑问题时,富于预见性,最终获得了成功。而那个美国人和法国人,走一步看一步,只考虑眼前的快活,不为以后打算,结果虚度了三年时光,并给以后的生活留下了负担。 这就是不同的思维习惯带来的不同结果，如果你考虑得不够长远，那就得承受短视带来的苦果。 这就像我们买房子一样，冬天时你看到楼旁有一条可供溜冰、玩耍的小河，不要高兴地认为这所房子再理想不过，城里的小河一般都受到不同程度的污染，在买之前，你还应该考虑一下，这条河到了夏天是否会让你感到不舒服。

考虑问题只看眼前的另一个后果，就是会使你陷入被动。

　　李某想开一间饭店，可是手里却没有本钱，妻子的意见是李某最好先去别人的饭店打工，一边挣些钱，一边学点经验，总不能全靠借贷开店啊！但李某却不同意："船到桥头自然直，还是借钱先把店开起来再说，还钱啊什么的以后再考虑！"就这样李某从朋友和亲戚手里借了八九万，饭店就开张了。一段时间后，一个朋友家里出了事，就来找李某要当初借给他的三万元钱。李某这下子可着了急，向银行贷款是不用想了，唯一的办法就是托人借"高息贷款"，妻子劝他多想想，他却说："先借来还给朋友，这三万块钱慢慢再还吧！"饭店开张两个月了，可客人却稀稀落落，挣来的钱勉强够维持日常支出，这样下去可不是办法。李某又有了一个新想法：允许赊账，他认为这样做一定会招徕顾客。朋友们纷纷劝他一定要慎重，因为赊欠就像一个雪球，总是越滚越大，它可能会解决眼前客人少的问题，但时间长了，它也会给经营带来困难。然而李某依然没有听从大家的劝告，允许赊欠后，店里的生意果然火了起来，街坊邻居都来凑热闹，可是好景不长，两个月后李某就支撑不住了，店里连买菜的钱都不够，他开始收账，但那些常客翻脸像翻书一样快，再也不登门了。就这样，开店四个月后，李某低价把饭店转让了出去，他没挣到一分钱，却欠了很多债，惹了不少麻烦，现在夫妻俩还得每天出去讨账呢！

李某的失败就是由于对问题的考虑不够长远。 我们看到他在解决问题时，总是只顾眼前需要，而不看后果如何。 他借贷开店，不考虑日后的还款能力，为了解决顾客少的问题，竟然采取允许赊欠的方法，既不考虑可能会给资金流动带来的影响，也不考虑日后收账的困难，他这种拆了东墙补西墙的方式，虽然解决了眼前的问题，却给日后的经营埋下了隐患，终于导致了经营的彻底失败。

我们常把只看眼前不顾以后的做法称为短视，一个短视的人很难正确处理生活中遇到的各种问题，而且也很难有什么成就。 在不断前进的人生旅途中，一个人如果总是想一步走一步，那么他一定会碰到很多障碍。 只有抛弃短视的恶习，多做一些长远打算的人，才能掌握自己的人生，拥有一个不可限量的未来。

善于思考，巧解难题

要成就大事，必须养成善于思考的习惯：思考事业，思考人生，思考生活。多想想怎么做，多问几个为什么，往往可以提高效率，达到事半功倍的效果。

有时，善于思考还能帮助你尽快摆脱困境，并取得意想不到的成功。

20世纪50年代初期，有个叫丹尼尔的年轻人，从美国西部一个偏僻的山村来到纽约。走在繁华的都市街头，啃着干硬冰冷的面包，他发誓一定要闯出一片属于自己的天空。然而，对于没有进过大学校门的丹尼尔来说，要想在这座城市里找到一份称心如意的工作，简直比登天还难，几乎所有的公司都拒绝了他的求职请求。

就在他心灰意冷之时，他接到一家日用品公司让他前往面试的通知。他兴冲冲地前往面试，但是面对主考官有关各种商品的性能和如何使用的提问，他吞吞吐吐一句话也答不出来。说实话，摆在他眼前的许多东西，他从未接触过，有的连名字都叫不出来。眼看唯一的机会就要消失，在转身退出主考官办公室的一刹那，丹尼尔有些不甘心地问："请问阁下，你们到底需要什么样的人才？"

主考官彼特微笑着告诉他："这很简单，我们需要能把仓库里的商品销售出去的人。"回到住处，回味着主考官的话，丹尼尔突然有了奇妙的想法：不管哪个地方招聘，其实都是在寻找能够帮自己解决实际问题的人。既然如此，何不主动出去，去寻找那些需要帮助的人？

不久，在当地一家报纸上，登出了一则颇为奇特的启事。文中有这样一段话："谨以我本人人生信用做担保，如果你或者贵公司遇到难处，如果你需要得到帮助，而且我也正好有这种能力，我一定竭力提供最优质的服务。"

让丹尼尔没有料到的是，这则并不起眼的启事登出后，他接到了许多来自不同地区的求助电话和信件：老约翰为自己的花猫生下小猫照顾不过来而发愁，而凯茜却为自己的宝贝女儿吵着要猫咪找不到卖主而着急；北边的一所小学急需大量鲜奶，而东边的一处牧场却奶源过剩。诸如此类的事情一一呈现在丹尼尔面前。

丹尼尔将这些情况整理分类，一一记录下来，然后毫无保留地告诉那些需要帮助的人。而他，也在一家需要市场推广员的公司找到了适合自己的工作。不久，一些得到他帮助的人给他寄来了汇款，以表谢意。据此，丹尼尔灵机一动，辞了职，注册了自己的信息公司，业务越做越大。他很快成为纽约最年轻的百万富翁之一。

这就是通过思考而获得成功的结果。 如果丹尼尔不去思索怎样寻找那些需要帮助的人，他的人生就不会有转机，更不会因此而成为纽约的富豪。 成功无定律，幸运从来不主动光顾你，要靠自己去寻找。 多动动脑子，多尝试新的方法，就可能为通向成功开辟一条捷径。

养成认真思考的习惯还可以不断解开疑团，激发灵感，从而有所发现，有所发明，有所创造。决定做事的成败，往往取决于对实际情况的掌握程度，千万不要在事实还不允许做决定之前，便草率行事。

在许多时候，遇事多考虑考虑，就能避免出现一些意想不到的差错。爱迪生说："有许多我自认为对的事，一经实地试验，就会发现错误百出。因此，我对任何事情，都不敢过早做十分肯定的决定，而是要在权衡后才去做。"

一个人聪明与否，智慧与否，主要看他的思维能力强不强。要使自己聪明起来，智慧起来，最根本的办法就是培养思维能力。人之所以成为万物之灵长，就在于人类具有思维能力。人类的每一种成就，每一种进步，都源于思维。大思想家帕斯卡尔认为："我们的全部尊严就在于思想"。思维能力，是人最宝贵的特质，是人最根本、最重要的能力。拥有思维能力的人，才是最有潜力的人。正如巴尔扎克所说："一个有思想的人，才真是一个力量无边的人"。

IBM 公司的总裁托马斯·沃森认为，IBM 的成功不是靠资源，也不是靠勤奋，主要靠全体职工善于思考。在 IBM 所有厂房和办公室内部挂着写有"思考"两个字的牌子，以便随时提醒人们思考是最重要的。

著名数学家华罗庚说："独立思考能力是科学研究和创造发明的一项必备才能。在历史上任何一个较重要的科学上的创造和发明，都是和创造者独立、深入地思考问题分不开。"

思考就是力量。人类若失去了思考便丢失了整个辉煌的历史。

学会重点思维

现实生活中，不管你所面对的问题有多重要、多紧急，你一定要先决定去做最重要的事，这样才能减少那些不必要的损失。

没有重点的思考，等于毫无主攻目标的进攻，辛苦一场，到头来却什么也得不到。

其实正确的思维方法包含了两项基础。 第一，必须把事实和纯粹的资料分开。 第二，事实必须分成两种，即重要的和不重要的，或是有关系的和没有关系的。

在达到你的主要目标的过程中，你所能使用的所有事实都是重要而有密切关系的，而那些不重要的则往往对整件事情的发展影响不大。

那些有成就的人都已经培养出一种习惯，就是找出并设法控制那些最能影响他们工作的重要因素。 这样一来，他们也许比起一般人来会工作得更为轻松愉快。 由于他们已经懂得秘诀，知道如何从不重要的事实中抽出重要的事实，这样，他们等于已为自己的杠杆找到了一个恰当的支点，只要用小指头轻轻一拨，就能移动原先即使以整个身体和重量也无法移动的沉重的工作分量。

卡尔森就是一个具有重点思维习惯的人。他 1968 年加入温雷索尔旅游公司从事市场调研工作，3 年以后，北欧航联出资买下了这家公司，卡尔森先后担任了市场调研部主管和公司部经理。由于他熟悉业务，并且善于解决经营中的主要问题，因此这家旅游机构发展成瑞典第一流的旅游公司。

卡尔森的经营才能得到北欧航联的高度重视，他们决定对卡尔森进一步委以重任。航联下属的瑞典国内民航公司购置了一批喷气式客机，由于经营不善，连年亏损，到最后就连购机款也偿还不起。1978年，卡尔森调任该公司的总经理。担任新职的卡尔森充分发挥了擅长重点思维的才干，他上任不久，就抓住了公司经营中的问题症结：国内民航公司所定的收费标准不合理，早晚高峰时间的票价和中午空闲时间的票价一样。卡尔森将正午班机的票价削减一半以上，以吸引去瑞典湖区、山区的滑雪者和登山野营者。此举一出，很快就吸引了大批旅客，载客量猛增。卡尔森任总经理后的第一年，国内民航公司即扭亏为盈，并获得了丰厚利润。

卡尔森认为，如果停止使用那些大而无用的飞机，公司的客运量还会有进一步的增长。一般旅客都希望乘坐直达班机，但庞大的"空中巴士"无法满足他们的这一愿望，尽管Ⅸ-9客机座位较少，但如果让它们从斯堪的纳维亚的城市直飞伦敦或巴黎，就能赚钱。但是原来安排的是DC-9客机一般到了哥本哈根客运中心就停飞，旅客只好去转乘巨型"空中客车"。卡尔森把这些"空中客车"撤出航线，仅供包租之用，辟设了奥斯陆—巴黎之类的直达航线。

与此同时，卡尔森的另一举措也充分显示了他的重点思维能力，这就是"翻新旧机"。

当时市场上的那些新型飞机引不起卡尔森的兴趣，他说，就乘客的舒适程度而言，从DC-9客机问世之日起，客机在这方面并无多大的改进。他敦促客机制造厂改革机舱的布局，腾出地盘来加宽过道，使旅客可以随身携带更多的小件行李。卡尔森不会想不到他手下的飞机已使用达 14 年之久，但是他声称，秘诀在于让旅客觉得客机是新的。北欧航联拿出 1500 万美元更换内部设施，让班机服务人员换上时尚新装。靠着那些焕然一新的 DC -9 客机，招徕了越来越多的旅客，当然，滚滚财源也随之而来。

从重点问题突破，是成大事者思考的习惯之一，因为没有重点的思考，等于毫无主攻目标。 青年人也要养成思维的正确方法——进行重点思维。

很多人本来可以有所作为，但却习惯于思考问题时眉毛胡子一把抓，把精力白白浪费掉了。 所以我们一定要养成重点思维的习惯，这样才能提高效率，更好地处理各种问题。

拓展你的思维空间

千百年来，人类正是凭借着创新思维在不断地认识世界、改造世界。创新思维给人类前进和创造财富带来了原动力。从这个意义上说，人类所创造的一切成果，都是创新思维的物化。

每个人都具有正常的思维能力和思维形式，但一般的思维不一定能产生创造。创新思维与一般思维尤其是逻辑思维大不相同。创新思维指的是开拓、认识新领域的一种思维，简单地说，创新思维就是指有创见的思维，是人们在已有经验的基础上，从某些事实中更深一层地找出新点子，寻求新答案的思维。

创新思维是潜伏在你头脑中的金矿，它绝不是什么天才之类的独特力量和神秘天赋。创新思维运用于你的头脑，可以顺利解决大到宏伟计划，小到日常纠纷中的难题。

一个人从小学到大学接受的基本上是逻辑思维。逻辑思维是在现有知识、经验之内的思维活动，虽然有时候它可以促使一些发现、发明，但是，它们一般都拘泥于已学过的知识，只是在某个范围内按照已知的规律进行判断和推理，从中得出一些结论。

而创新思维与逻辑思维相比，不同点主要在于它具有新颖性、独创性及突破逻辑思维的严谨性。创新思维在很大程度上是以直观、猜测和想象为基础而进行的一种思维活动，光凭逻辑思维是不能使一个人产生新思想的。有人说："对科学行动与积累进行逻辑分析实在是科学发展的一大障碍；科学家越推崇逻辑，他们推理的科学价值就越低，这样说是绝对不过分的。逻辑学所关心的是正确性与确实性，与创新思维完全无关。"这些论述虽有一些局限性，但却进一步说明创新思维与逻辑思维是不同的。

创新思维，既超越，又超前，比别人先看到，比别人先走到前面去，如小超人李泽楷的大创意——用"数码港"的概念来包装房地产，给房地产注入高科技的色彩，使他能够创造出房地产业的神话。当香港八大地产商在指责李泽楷独占了这等好事的同时，有没有想到为什么自己不早点有这样绝妙的构思呢？李泽楷就是一个创新思维很强的人，他勤于思考公司的发展前景，能在别人之前想到过人的主意。如果等到别人都想到了，那么就不可能先人一步、抢占先机了，创新思维的"新"也就无从谈起了。

一个有独到眼光、独立头脑的人，一个不随大流、不人云亦云的人，一个敢于批判、敢于说"不"的人，一个大胆创新、超前思维的人，是最受机遇女神青睐的人。

日本大阪的富豪鸿池善右是日本大财阀之一，然而当初他不过是个东走西串的小商贩。

有一天，鸿池与他的用人发生摩擦。用人一气之下将火炉中的灰抛入浊酒桶里（川德末期日本酒都是混浊的，还没有今天市面上所卖的清酒），然后慌张地逃跑。

第二天，鸿池查看酒时，惊讶地发现，桶底有一层沉淀物，上面的酒竟异常清澈。尝一尝，味道相当不错，真是不可思议！后来他经过不懈地研究，认识到石灰有过滤浊酒的作用。

经过十几年的钻研，鸿池制成了清酒，这是他成为大富翁的开端，而鸿池的用人永远不能知道：是他给了鸿池致富的机会。

只要善于观察，勤于思考，就会发现身边这样的机会其实很多。

　　住在纽约郊外的扎克，是一个碌碌无为的公务员，他唯一的嗜好便是滑冰。

　　纽约的近郊，冬天到处会结冰。冬天一到，他一有空就到那里滑冰自娱，然而夏天就没有办法，他只好去室内冰场去滑个痛快。去室内冰场是需要钱的，一个纽约公务员收入有限，不便常去，但待在家里也不是办法，他深感日子难受。

　　有一天，他百无聊赖时，一个灵感涌上来：鞋子下面安装上轮子，就可以代替冰鞋了，普通的路就可以当作冰场。

　　几个月之后，他跟人合作开了一家制造 RollerIskate 的小工厂，做梦也想不到的是，产品一问世，立即就成为世界级的商品。没几年工夫，他就赚进 100 多万美元。

　　兰德为了满足他女儿的要求，同时也是为了他的理想，他向有摄影经验的人请教，询问是否有一种办法，可以在拍完照之后立刻看到照片，他锲而不舍地追求着。

　　最后，他经过不断地研究、试验，终于完成了，这种相机的作用完全依照女儿的希望，因而，兰德企业就此诞生了。如果兰德依照他人的想法，绝不会发明出同时显影的照相机，他打破了他人的常规思维，开辟出了自己的新路子，走上了创新的成功之路。

任何一个有创造成就的人，都是战胜常规思维的高手，他们不被过去的思维所困扰，能突破常规思维的束缚，取得创新硕果。

要勇于提出问题，这是一种可贵的探索求知精神，也是创造的萌芽。 创造的机制是：由于知识的继承性，在每个人的头脑里都容易形成一个比较固定的概念世界，而当某些经验与这一概念世界发生冲突时，惊奇就开始产生，问题也开始出现。 而人们摆脱"惊奇"和消除疑问的愿望，便构成了创新的最初冲动，因此"提出问题"是创新的重要前提。

如何保持思维创新，直接关系到一个人的事业成败，因为只有创新才能激活自己全身的能量，才能更好地投入到事业中。 在日常生活中，每个人都是投石问路者，或难或易，或明或暗，或悲或喜，仿佛不停地挣扎在一个个陷阱之中。 因此，有效的创新会碰撞出人生火花，成为突出生存的梦想和手段。 谁有创新思维，谁就会成为赢家；谁要拒绝创新，谁就会平庸！ 这就是说，一个有着思考创新习惯的人，绝对拥有闪亮的人生！

如果你想成功，一定要养成思维创新的习惯，因为它是成大事的催化剂。

第五章

你的所作所为：格局指引行动

行动是成功的第一要素

英国前首相本杰明·迪斯雷利曾指出，虽然行动不一定能带来令人满意的结果，但不采取行动就绝无满意的结果可言。

因此，如果你想取得成功，就必须先从行动开始。

一个人的行为影响他的态度。行动能带来回馈和成就感，也能带来喜悦，通过潜心工作得到自我满足和快乐，这是其他方法不可取代的。因此，如果你想寻找快乐，如果你想发挥潜能，如果你想获得成功，就必须积极行动，全力以赴。

每天不知会有多少人把自己辛苦得来的新构想取消，因为他们不敢执行。过了一段时间以后，这些构想又会回来折磨他们。

记住：切实执行你的创意，以便发挥它的价值，不管创意有多好，除非真正身体力行，否则，永远没有收获。

经常会听到有人说："如果我当年就开始那笔生意，早就发财了！"一个好创意胎死腹中，真的会叫人叹息不已，永远不能忘怀。如果真的彻底执行，当然就有可能带来无限的满足。

有一篇仅几百字的短文，几乎世界上所有的主要语言都把它翻译出来过。仅纽约中央车间就将它印了150万份，分送给路人。这篇《把信带给加西亚》已被印了亿万份，在全世界广泛流传。这对有史以来的任何作者来说，都是无法打破的纪录。

日俄战争期间，每一个俄国士兵都带着这篇短文。日军从俄军俘虏身上发现了它，相信这是一件法宝，就把它译成日文。于是天皇下令，日本政府的每位公务员、军人和老百姓，人手一份。

这篇短文的原作者是哈巴德，文章最先出现在1899年的《庸人》杂志，后来被收录在卡耐基的一本成功学里。

短文是这样写的：在一切有关古巴的事情中，有一个人最让我忘不了。当美西战争爆发后，美国总统麦金利必须立即跟西班牙反抗军首领加西亚取得联系。但加西亚在古巴丛林的山里，没有人知道确切的地点，所以无法写信或打电话给他。

"怎么办呢？"总统说。

"有一个名叫罗文的人，有办法找到加西亚，也只有他才找得到加西亚。"有人对总统说。

他们把罗文找来，交给他一封写给加西亚的信。罗文拿了信，把它装进一个油质袋子里，封好，吊在胸口，划着一艘小船，四天以后的一个夜里，在古巴上岸，消失于丛林中。

麦金利总统把一封写给加西亚的信交给罗文，而罗文接过信之后，并没有提出任何疑问：他在什么地方？他是谁？还活着吗？怎样去？为什么要找他？给我什么报酬？

——没有问题，没有条件，更没有抱怨，只有行动，积极、坚决的行动！

罗文为利希特这句名言，做了最好的注脚："只有行动赋予生命以力量"。人是自己行为的总和。行动最终体现了人的价值。

行动发挥潜能。 科学已经证明，人的潜能几乎是无穷的。 行动，潜能就会增加；不行动，潜能就会减退。 行动促使潜能发展，潜能的发展必然又带来更大的行动。

在《新约·马太福音》中，耶稣坐在橄榄山上，给门徒们讲述了这样一个故事：

故事的主人公是一个贵族，他要到远方去。临行前，他把仆人们召集起来，按各人的才干分给他们银子。

后来，这个贵族回国了，就把仆人叫到身边，问他们："你们是怎样使用那些银子的？"

第一个仆人说："主人，你交给我五千两银子，我马上拿去投资做生意，很快又赚回了五千两。"

贵族听了很高兴，赞赏地说："好，善良的仆人，你既然在赚钱的事上对我很忠诚，又这样有才能，我要把许多事派给你管理。"

第二个仆人说："主人，你交给我两千两银子，我已用它赚了两千两。"

主人也很高兴，赞赏这个仆人说："我可以把一些事交给你管理。"

第三个仆人来到主人面前，打开包得整整齐齐的手绢说："尊敬的主人，看哪，您的一千两银子还在这里。我把它埋在地里，听说您回来，我就把它掘了出来。"

主人的脸色一下子沉了下来，说："你这个懒惰的仆人，你浪费了我的钱！"

于是要回他这一千两银子，给了那个有五千两银子的仆人。

第三个仆人不善于行动，也就是潜能最大的浪费。所以说行动创造财富，行动会使你走向成功。那么马上行动吧，现在就开始行动。

任何伟大的目标和伟大的计划，最终必然落实到行动上。成功始于行动，一个人制定的目标再伟大，如果不去落实，也永远只能是空想。制定目标是为达到目标，目标制定好之后，就要付诸行动去实现它。如果只有目标而不去行动，那么所制定的目标也就成了毫无意义的东西。这好比是一次赛车，明确的目标只相当于给你的赛车加满了油，有了前进的方向和路线，要抵达目的地，还得把车开动起来，并保持足够的马力。

对于每个人来说，一直在想而不去做，就根本完成不了任何事情。世界上每一件东西，大到航空母舰、高楼大厦，小到一针一线，都是由一个个想法付诸实施所得的结果。只想不做的人只能徒劳无功。成功好比一把梯子，那些把双手插在口袋里的人是永远也爬不上去的。因此，凡事只要想去做就要立即行动。

对于一个伟大的艺术家来说，他会力图不让任何一个想法溜掉。当他产生了新的灵感时，会立即把它记下来。即使是在深夜，他也会这样做。他的这个习惯十分自然，毫不费力。对他来说，这就像是你想到一个令人愉快的念头时，你就会不觉地笑起来一样。

对于一个优秀的员工来说，当早晨六点闹钟响起时，即使是睡意正浓，他也会立即按时起床，而不是像一些人起身关掉闹钟，再回到床上去睡。对于优秀员工来说，"立即行动"就是他的座右铭。

许多人都为自己制定过不止一个目标，但是有些人往往一个也实现不了。 因为相对来说制定目标是一件容易的事情，难的是付诸行动。 制定目标可以坐下来用脑子去想，实现目标则需要扎扎实实的行动。

土耳其有一句谚语是：每个人心中都隐藏着一头雄狮。 此话的意思为：每个人都可以像雄狮一样快速行动。 行动起来的准则，不只适用于人类，在动物界也广泛存在着。

人们常说一个人做自己要做的事，应该有这样的态度：要么不做，要做就做得最好。 其实"做"比"做得最好"重要。 因为"尽力做好"这种误区会使一个人既不能尝试新的活动，也不能欣赏目前正在从事的活动。

相比之下，很多人饱食终日，无所用心，不做运动，不学习，不成长，每天在抱怨一些负面的事情，他们哪来的行动力？记住：永远是你采取了多少行动让你获得成功，而不是你知道了多少。

所有的知识必须化为行动，因为行动才有力量。

不管你现在决定要做什么事，不管你现在设定了多少目标，请你一定要立刻行动。

真正的成功者不论他们喜不喜欢，愿不愿意，都懂得活用现在的处境来作为提升自我身价的跳板。 他们勇敢地面对现状："这就是我今日的处境，我唯一得以解救的就是在目前环境中展开活动"。 如此一来，事情就有了急速的变化。 他们只要每天在"目前环境"中开始行动就会发生奇迹，人生便向他绽放异彩。

只有去做才是最重要的，而且是从现在开始去做，而不是从"明天""下个礼拜""以后""将来某个时候"或"有一天"开始去做。

"现在"这个词对成功而言妙用无穷。 如果你时时想到"现在"，就会完成许多事情；如果常想"将来一天"或"将来什么时候"，你就一事无成。 歌德说："把握住现在的瞬间，把你想要完成的事物或理想，从现在开始做起。 只有勇敢的人身上才会拥有天才、能力和魅力。 因此，只要做下去就好，在做的过程当中，你的心态就会越来越成熟。 能够有开始的话，那么，不久之后你的工作就可以顺利完成了。"

想到更要做到

比尔·盖茨中学毕业的时候，父母对他说："哈佛大学是美国高等学府中历史最悠久的大学之一，是一个充满魅力的地方，是成功、权力、影响、伟大等等的象征和集中体现。你必须读一所大学，而哈佛是最好的，它对你的一生都会有好处。"

盖茨听从了父母的劝告，进了美国最著名的哈佛大学。当时他报的专业是法律专业，但他其实并不想继承父业去当一名律师。

盖茨在哈佛既读本科又读研究生课程，但他真正的兴趣依然在电脑上。这时，他在心里萌生了一个念头——退学。他曾同朋友分析当今的形势时说："电脑很快就会像电视机一样进入千家万户，而这些不计其数的电脑都会需要软件，如果我现在开始做，无疑会成为领先的起跑者，最后的胜利肯定是属于我的，我一定要创办自己的软件公司。"

这时候的盖茨已经有了自己的明确想法，并有了明确的计划和打算。终于，他在大学二年级的时候，向父母亲说了他一直想说的话："我要退学！"

他的父母亲听了非常吃惊，但他们无法说服盖茨改变主意。于是，他们请了一位受人尊敬的商业界领袖去说服盖茨。

盖茨在同这位商业巨头会面的过程中，滔滔不绝地向他讲述自己的梦想、希望和正在着手做的一切。他审时度势的分析，让这位商业巨头不知不觉地被感染了，仿佛又回到了自己当年白手起家的创业时代。他忘记了自己的使命，反而鼓励盖茨："你已经看到了一个新纪元的开始，而且正在开创一个伟大的时刻。好好干吧，小伙子。"

父母无奈，只得同意了盖茨的要求。从此，盖茨一心一意地投身于自己的电脑软件领域中，在创业的路上他真的梦想成真了，开创了世界瞩目的业绩。

实现梦想的关键是能否果断地采取行动，行动才是最强大的力量。梦想是不能等待的，尤其不能以实现另外一个条件为前提。很多人正是因为陷入了要做这个就必须先做那个的定式思维，最后一辈子在原地转圈。

我们在做某一件事情时，往往会遭到很多人的反对，甚至有人在后面泼冷水、说风凉话，这时候，很多人就会因此放慢自己前进的脚步，进而怀疑自己行动的价值，最后是什么也做不成。而有的人不在乎他人的想法，只凭借自己充分的自信和不服输的意志，取得了成功。

澳大利亚有一位年轻人，家族世代以养羊为生。到了他这代，经过努力，羊群数量逐年递增，已经发展到 10 万只的规模。为此，年轻人感到十分自豪，但又有些困惑，因为，尽管他一再努力，羊群的数量却只维持在 10 万只上下，不再增长。

有一天，他的爷爷来到他放牧的农场。见爷爷来了，年轻人便用手指着漫山遍野的羊群，很有成就地告诉爷爷自己的功劳。

哪知爷爷一脸不屑地说："我也一样。"

年轻人大为不解，正要细问缘故，爷爷却一声不响地走了。年轻人不明白爷爷所说的那句话到底是什么意思。

夜色降临，四散的羊群逐渐安静下来。淡淡的月光下，他望着一望无际的羊群若有所思。因为最近一段时间，每当夜幕降临时，年轻人总能听见羊群发出的哀号。第二天，至少有50只羊被咬死，被咬死的羊羔数量更是无以计数。他想这一定是狼干的坏事，但狼的胃口似乎没这么好。

一天，一位动物学家经过牧场，年轻人求教于这位专家，才知道事情真相。原来，在澳大利亚境内有一种野狗，是澳大利亚的头号食肉兽，整个澳大利亚约有100万只，正是这种动物的存在，才使他的羊群数量不再递增。年轻人忽然想起爷爷说过的"我也一样"的话，原来，早在爷爷放牧的时候，就存在这种情况，只不过，谁也没有办法解决而已。

既然问题已经找到，能不能彻底解决呢？年轻人决心在全澳大利亚建一道防护墙。但年轻人的想法遭到了家人的极力反对，修建围墙，不但耗资巨大，而且极难维护。但他还是决定把自己的想法付诸行动。

刚开始，年轻人一个人在自家的牧场周围用铁丝网筑起了一道防护墙，后来，他就沿着自家牧场往四周扩展，防护墙一点点延伸着。他的这种做法感染了周围的其他人，于是，越来越多的人加入了筑墙的行列，以至于政府也开始关心和资助由他发起的这项筑墙运动。

一年以后，一道从南澳洲大海湾向东延伸，经新南威尔士，穿过昆士兰东部，抵达太平洋沿岸的高 1.8 米、下部由小眼铁丝网、上部由菱形铁丝网、顶部由带刺铁丝构成的世界上最长的防护墙建成了。它像一条河在澳洲大陆上蜿蜒，穿过沙丘、石头山、茂密的灌木丛和荒芜的平原，保护着越来越多的羊群，澳大利亚的羊群数量猛增。

许多年过后，这道防护墙已经成为澳大利亚人为之自豪的一处旅游景点，前来旅游的人们善意地称它为爱心围墙。

好的想法是成功的一半，一样的环境，一样的问题，就因为年轻人想法与祖辈不一样，并且付诸了切实的行动，问题才得以解决。

在生活和工作中，只要有了正确的想法，就要以坚定的信念付诸行动，这样才能取得最后的成功。

克服依赖，独立行动

生活在现实的圈子里，免不了需要别人的帮助和支持，使自己顺利地完成一些事情。但是大部分事情还是需要自己独立地去应对和处理的。如果总是想着依赖别人，那么就会让自己变得懒惰、变得消极，凡事不肯自己动脑和动手，使自己的能力渐渐退化。

每个人身上或多或少都会存在一些依赖思想和侥幸心理，但是有的人能够努力要求自己，尽力独立完成事情，而有的人却形成心理依赖，凡事不肯自己动手，总是希望得到帮助，只要稍稍遇到困难，就会求助于他人。但是没有人永远会帮助你，当真正需要自己面对的时候，前者则可以凭借自己的力量把事情处理好，而后者则会不知所措，把事情越做越糟。

因此，不要总是拿"在家靠父母，出门靠朋友"的借口来纵容自己，这样不仅不能独立成长、自强不息，而且会使自己的远大理想化为泡影，最终一事无成。

小蜗牛觉得自己身上背着一个重重的壳，给自己带来很多的不方便，于是它不解地问妈妈："妈妈，为什么我们从生下来就要背负这个又硬又重的壳呢？"

蜗牛妈妈拍拍孩子的头说："因为我们的身体没有骨骼的支撑，只能爬，又爬不快，所以需要这个壳来保护自己啊。"

小蜗牛又问："毛虫姐姐没有骨头，也爬不快，为什么她不用背这个壳呢?"

蜗牛妈妈说:"因为毛虫姐姐能变成蝴蝶,天空会保护她的啊!"

小蜗牛想了想,又问:"可是,蚯蚓弟弟也没有骨头,爬不快,也不会变成蝴蝶,他为什么不背这个壳呢?"

蜗牛妈妈回答说:"因为蚯蚓弟弟会钻土,大地会保护他啊!"

小蜗牛哭了:"我们好可怜,天空不保护,大地也不保护。"

蜗牛妈妈笑着对小蜗牛说:"所以我们带壳啊!我们不靠天,不靠地,我们靠自己。"

人生在世,不能总是依靠其他事物,只有依靠自己、自力更生,才会获得好的心灵依靠。如果产生依赖心理,就会失去对自己大脑的支配权。做事变得缺乏信心、优柔寡断,希望别人替自己做决定。总觉得自己能力不足,甘愿置身于从属地位,一旦没有别人的帮助和指导就会茫然不知所措。依赖心理的危害是巨大的。它不仅让人失去了思想和行动的独立性,更会消磨自身的意志和能力,让人因此而变得唯唯诺诺、碌碌无为。

因此,我们一定要摆脱依赖心理的束缚,纠正平时养成的不良习惯,提高自己的动手能力,不要什么事情都指望别人,遇到问题要做出属于自己的选择和判断,加强自主性和创造性。同时还应该树立行动的勇气,自己能做的事一定要自己做。

马斯洛认为,充分的自主性和独立性是一个完全健康的人的特征之一。依赖别人,意味着放弃对自我的主宰,这样往往不能形成自己独立的人格，容易失去自我。遇到问题时，自己不积极动脑筋，往往人云亦云，没有自信心，不相信自己，容易产生从众心理。

克服依赖，并不是一件非常难的事情。自己并没有比别人少条腿，别人能够做成的事，自己也一定能够做成。

（1）充分认识依赖心理的危害

纠正平时养成的习惯，提高自己的动手能力，多向独立性强的人学习，遇到问题要做出属于自己的选择和判断，加强自主性和创造力。

（2）要愉快地接纳自己

生活中每个人都有优点，也都有弱点。有的人发现了自己的缺点，就当成包袱背起来，连自己的优点与长处也看不到。于是，自己的精神被自身的弱点所压垮；自身的潜在能力与智慧被自身的弱点所泯灭，从而为自己设置了障碍。事实上，许多事情别人能做到，自己也一定能做到，关键在于应该充分、准确、客观地认识自己。要做到这一点，则必须先在心中接纳自己。

（3）增强自信心

自信心是对自身潜能的肯定，是追求事业成功过程中的一种良好的心理素质。只要坚信"我能行"，一股新思想的动力就会充实着头脑并改造自己的人生。

（4）培养独立的人格

每个人都需要他人的帮助，但是接受他人的帮助也必须发挥自己的主观能动性。对大事可征求他人的意见，但必须把握一点，他人的意见仅供参考。一旦从对他人的依赖关系中解脱出来，自己就会有一种踏实的感觉，感受自信的力量，享受自主、自立给自己带来的好处。

一分耕耘一分收获

在这个具有严格的优胜劣汰法则的社会中，不勤者终将会被淘汰出局。 要知道智慧是在勤劳的前提下拥有的。 正如古人言，勤者勤而成其智，逸者逸而就其庸。

熟悉李嘉诚白手起家的人都知道，在李嘉诚的骨子里，就有着一种愚公移山的精神。

李嘉诚的成功并非偶然，从最初的勤奋到后来的孜孜不倦，李嘉诚能够将长实集团带到世界商场中完全在于他的勤。 对于李嘉诚的勤奋，上天并非睁一只眼闭一只眼，这正好印证了一句老话：天道必定酬勤！

作为一位年轻人，对于成功，非勤劳者无可及也。 在这种过程中，聪敏固然重要，但勤与不勤却是决定事业成败的关键。 应知学问难，在乎点滴；驽马之十驾，之所以胜骐骥之一跃，此在于勤；流水之所以不腐，户枢之所以不蠹，此亦在于勤。 好逸恶劳者必将失败，这是颠扑不破的真理。

古之圣人便有"业精于勤而荒于嬉"之训，从另一个角度来看：历史和未来，都是属于勤劳者的，而那些逸豫者却只能站在失败的阴影中，孤独地叹息。

现在，我们不妨看一看李嘉诚自己创业的初创阶段：

每天一大清早，李嘉诚就外出推销或采购。赶到办事的地方，别人正好上班。他不打的，距离远就乘公共巴士，路途近就双脚行走。中午时，李嘉诚急如星火赶回工厂，先检查工人上午的工作，然后跟工人一道吃简单的工作餐。如果没有餐桌，李嘉诚和大家一样蹲在地上吃。

李嘉诚身为老板，同时又是操作工、技师、设计师、推销员、采购员、出纳员、会计师，草创阶段，什么事都是他一手操持。

长江塑胶厂第一批招聘的工人，全是门外汉，过半还是从田间洗脚上岸的农民。唯一的塑胶师傅是老板李嘉诚。机器安装、调试，直到出产品，都是李嘉诚手把手带领工人一道完成的。

晚上，李嘉诚仍有做不完的事，他需做账，要记录推销的情况，规划产品市场区域，还要设计新产品的模型图，安排第二天的生产。

此外，李嘉诚还从不间断业余自学。塑胶业的发展日新月异，新原料、新设备、新制品、新款式源源不断地被开发出来。李嘉诚犹如海绵吸水，总觉得时间不够用。

李嘉诚事必躬亲，节省了许多不必要的开支，同时对全厂每一个环节的情况都了如指掌，便于管理。此外，身为老板的李嘉诚这般拼命，给员工起到率先垂范的榜样作用。

这是非常时期十分有效的方式。随着第一批产品顺利地销出去，一批又一批订单纷至沓来，生产规模随之扩大。

千里之行，始于足下。李嘉诚脚踏实地，不动声色地去实现他的抱负。

正如香港《星岛经济纵横》所说："李嘉诚发迹的经过，其实是一个典型青年奋斗成功的励志式故事。一个年轻小伙子，赤手空拳，凭着一股干劲勤俭好学，刻苦耐劳，创立出自己的事业王国。他常言，追求理想是驱使人不断努力的最主要因素。"

李嘉诚之所以能够取得如此巨大的成功，完全在于他的勤奋。不懂的东西通过勤奋他懂了，不会做的东西通过勤奋他会了。如果说李嘉诚是一只笨鸟的话，那么他就是通过勤奋让自己先飞了起来，正所谓勤能补拙。

实际上，勤奋可以反复地刺激人类的脑细胞，并通过这种频繁的刺激把获取的信息储存起来，以便在需要的时候可以及时提取出来。而且勤奋还可以提高头脑的灵活性，使人变得更加聪慧灵敏。一些天资较差的人，可以通过勤奋和努力化拙为巧、变拙为灵。

我国著名戏曲表演艺术家梅兰芳曾说过："我是个笨拙的学艺者，没有充分的天才，全凭苦学。"其实他说得一点不假。

梅兰芳年轻的时候去拜师学戏，师傅说他长着一双死鱼眼睛，灰暗、呆滞，根本不是学戏的料，不肯收留他。然而，天资欠缺不但没有使梅兰芳灰心、气馁，反而促使他变得更加勤奋了。他喂鸽子，每天仰望着天空，双眼紧跟着飞翔的鸽子，穷追不舍；他养金鱼，每天俯视水底，双眼紧跟着遨游的金鱼，寻踪觅影。经过多年的不懈努力，梅兰芳的眼睛终于变得如一汪清澈的秋水，熠熠生辉，脉脉含情。

生活中，并非只有名人的事例才能表现"勤能补拙是良训"这句话所蕴含的道理，如果你试着观察一下自己身边的人，就会发现他们与那些名人一样，同样具有勤奋的精神。多少次，当你沉浸于玩乐时，他们都在默默地努力着；多少次，当你和朋友闲聊时，他们在静静地思考着。

其实一个人的成就有多大，不光要看他所获得的荣誉和知名度，而要着重了解他在成功之前究竟留了多少汗、克服了多少困难、花费了多少心血，准确地说就是看他到底有多勤奋。

俗话说一分耕耘一分收获，成功是需要努力得来的。只有努力了才会有回报，那些想要不劳而获的人，到头来总会是一无所获，沦为笑柄。生意场上更是如此，没有哪一个老板不经过努力就建造了自己的事业大厦，更没有哪一个老板是没有通过付出辛勤的劳动就拥有了一切的。

古人有云：吃得苦中苦，方为人上人。想要有所作为，想要实现自己的人生目标，不付出努力是不可能的。你只要乐观地面对每一个困难，勇敢地跨过人生的每一道坎儿，你才会看到胜利的曙光。

事业同样需要耕耘，想要把自己的事业做大做强，就需要不断去耕耘。事实上，世界著名的大企业家们有绝大部分都做过推销员之类的艰苦工作。也正是这些工作的磨炼，才造就了他们的成就。

松下幸之助在小的时候，家里很穷，为了缓解父母的压力，矮小瘦弱的他想到一家电器工厂谋求一份工作。来到了人事部长的面前，部长看着衣着肮脏、又瘦又小的他，冷冷地说了一句："目前我们眼下不缺人，你一个月后再来看看吧。"

听到部长的话，松下幸之助只好起身告辞。在很多人眼中，部长的话基本上已经宣判了求职者的"死刑"。没有想到的是，一个月后，松下幸之助又回来了。无奈的部长又假说有事，要他隔几天再来。谁知，几天后松下幸之助又来了。

反复几次之后，这位部长终于说出了拒绝的真正理由："你这样脏兮兮的，是进不了我们工厂的。"

虽然部长的意思很明确，但松下幸之助毫不气馁，回去借了些钱，买了一套整齐的衣服，穿戴整齐之后又一次来到了部长的面前。不过这一次，部长又想出了一个拒绝他的办法："关于电器方面的知识你知道得太少了，我们还是不能要你。"其实，部长这时候已经是在有意考察松下幸之助了。

两个月后，松下幸之助再次走进了部长的办公室。他说："现在我已经学了不少有关电器方面的知识了。您看我哪方面还有差距，我可以用时间来一项项弥补。"

部长盯着松下幸之助半天，异常感慨地说："说实话，我干这行几十年了，你这样来找工作的我是第一次见到，你的坚韧和耐心让我感到吃惊。"

终于，松下幸之助的执着为自己赢得了工作。后来，部长和他的好朋友聊天的时候无意间谈起了这件事，部长感慨道："松下幸之助这种不屈不挠的执着精神，恐怕将来要飞黄腾达了！"

果然，在以后的岁月中，松下幸之助应验了那位部长的预言，他逐渐开创了自己的事业，还成为松下电器公司的总裁，更被日本人誉为"经营之神"。

"不经历风雨，怎么见彩虹？ 没有人能随随便便成功"，就像歌词里说的那样，只有努力了，你才会看到成功。 只有拼搏了，你才会更有勇气去争取胜利。只有努力了，你才有资格去品尝胜利的味道。一分耕耘才会有一分收获，天上没有掉馅饼的好事，没有哪个成功是随随便便就到手的。想要品尝胜利的滋味，就要去努力，去拼搏，只有努力了你才有资本去赢得胜利，赢得人生。

在一次论坛上，大家向比尔·盖茨问得最多的问题是："你成功的主要原因是什么？"比尔·盖茨的回答是："工作勤奋，我对自己要求很苛刻。"

在微软创业初期，比尔·盖茨就异常勤奋努力。微软老员工鲍伯·欧瑞尔说出了他1977年进入微软公司时比尔·盖茨的工作状态："那时候比尔满世界飞。他会亲自跑到各个公司跟人家谈，比如施乐公司、德国西门子公司、法国公牛机器公司。那些公司会有一大帮技术、法律、销售及业务人员围着他，问他各种问题。比尔经常单枪匹马参加世界各地的展览会，推销产品。比尔整天都在销售产品，有时他刚出差回来就连续上班24小时，累了就在办公室睡一小会儿。"

虽然微软的员工们工作非常卖力，但都勤奋不过他们的老板比尔·盖茨。哈佛商学院的事例中有这样的说法："比尔·盖茨好像就住在办公室。他每天上午大约9点钟来到办公室后，就一直待到半夜，休息时间似乎就是吃比萨饼外卖的这几分钟，吃完后他又继续忙开了"。

一分耕耘一分收获，付出会有回报。爱迪生经过不懈的努力，最终看到了白炽灯的耀眼光芒；祖冲之经过不断的演算，使圆周率更加精确；王羲之每天洗墨练字，终成一代大家。是不断地努力让他们获得了成功，是他们的辛勤耕耘才最终有所收获。

避免犹豫不决

在现实生活中碰到问题，一般有两种处理方法：一是果断出击，二是犹豫不决。前者能够及时解决问题，为下一步工作做好充分的准备；而后者在做事上既耽误了时间，又失去了做事的最佳时机。

在拳击台上，正在爆发一场大战：彼特与基恩正为拳王荣誉而战。基恩最后胜利，兴奋不已，而彼特则垂头丧气。在戴上金腰带时，基恩说了一句名言："作为拳手，最忌讳的是优柔寡断，看准了就重重打过去是最好的选择"。在人生的拳击台上，也是一场博弈，在拳台上没有任何退路，犹豫不决只会迎来失败，而胜利只属于果断的人。

生活中大多数人会不自觉地犯这样的错误：在从事一项极为重要的事业时，他们往往先为自己准备好一条退路，以便在事情稍不顺时，能有一个逃生之所。但是大概每一个人都应有这样的认识：即便战争进行得非常激烈，如果还有一线退却之门为他而开，他大概是不会使出自己的全部潜力的。只有在一切后退的希望都已断绝的绝境中，一支军队才肯使出拼命的精神去奋战到底。

为了获得最后的胜利，不妨断绝你的一切后路，将你自己的全部注意力贯注其中，并抱有一种无论任何阻碍都不向后转的克服危机的决心。那些成大事者，正是有着这种破釜沉舟的决心而最后赢得了辉煌的胜利。而那些遇到阻击，便犹犹豫豫，想向后转的人只会成为战斗中的挫败者。

当恺撒率领他的军队在英国登陆时，他决意不给自己的部下留任何退路。 他要让他的军士们明白，此次进攻英国，不是战胜，就是战死。 为此，他当着士兵的面，把所有的船只都烧毁殆尽。 拿破仑也一样，他能摒除一切会引起冲突的顾虑，具有在一瞬间下最后决定的能力。

在现实中，那些想成大事的人在开始工作时，总是抱着必须取得成功的自信，拥有战胜一切危险的决心，在关键时候，他们能当机立断，立即采取行动；而那些平庸者在动手之时，却缺乏明确的目标与志向，也没有那种无论如何必须获胜的坚强决心做后盾，所以面对困难总会优柔寡断，犹犹豫豫，而成功就在他们犹豫的瞬间与他们擦肩而过。

有人喜欢把重要的问题搁置一边，留待以后去解决，这实在是一种不良的习惯。 假如你染上了这种习性，就应赶紧下大力气去练习一种敏捷而有决断力的本事。 无论当前的问题多么严重，需要你瞻前顾后权衡利弊，你也不要一直沉浸在优柔寡断之中。 假使你仍然心存一种凡事慢慢来或干坏了再重新考虑的念头，你是注定要失败的。 宁可让自己因果敢的决断而犯下一千次错误，也不要姑息自己养成一种优柔寡断的习惯。

假如你能养成在最后一刻做出果断决定的习惯，你在做出决断时就一定能运用最聪明的判断力。 因为如果一旦你以为决定是可以伸缩的，不到最后一刻都是可以重新考虑的时候，你将永远无法养成正确可靠的判断力。

相反，一旦你能毫不迟疑地做出决定，并为你的决定断绝一切后路时，当你对自己所做出的任何一个不健全不成熟的判断感到痛苦不堪时，你对于自己所下的判断也一定会十分小心。 这样，自然能使你的判断能力日趋进步。

成大事要有当断则断的魄力，不能犹豫不决。 在人生的竞技场上，没有太多的时间去犹豫徘徊，因为在你犹豫徘徊时别人已经跑到了你的前面。 犹豫是生命中最大的惰性因素，在我们对成功与失败难以把握时，它往往把失败的原因都一股脑地推到我们面前，从而把选择的砝码加重到失败一方，而使我们与成功失之交臂。

第二次世界大战期间，艾森豪威尔指挥的英美联军正准备横渡英吉利海峡，在法国诺曼底登陆，展开对德战争的另一个阶段。当时，诺曼底登陆战的所有准备工作都已就绪，这时候，英吉利海峡却阴云密布、巨浪滔天，数千艘船舰只好退回海湾，等待海上风平浪静。这么一等，足足等了四天，天空像是被闪电劈开了一条裂缝，倾盆大雨连绵不绝。数十万名士兵被困在岸上，进退两难，每日所消耗的经费、物资，实在不是小数。将士们心急如焚，而且时间拖得久了，德国人也会察觉，从而使盟军数月的努力付之东流。1944 年 6 月 4 日晚，气象主任斯泰格上校报告说：从 6 月 5 日夜间开始，天气可能短暂变好，到 6 月 6 日夜间，很快又要变坏。是在 6 月 6 日行动，还是继续延期？艾森豪威尔一时也难以决定。参谋长史密斯认为："这是一场赌博，但这可能是一场最好的赌博"。艾森豪威尔也明白这是千载难逢的好机会，可以攻敌于不备，只是这当中也暗藏危机，万一气候不如预期这么快好转，很可能就会全军覆没。

最后，艾森豪威尔下定决心："我确信，是到了该下达命令的时候了。"艾森豪威尔经过了慎重的考虑之后，做出了他一生中最重要的一个决定，"霸王"行动将按计划在 6 月 6 日实施。他在日志中写下："我决定在此时此地发动进攻，是根据所得到最好的情报做出的决定……如果事后有人谴责这次的行动或追究责任，那么，一切责任应该由我一个人承担。"不过，幸运的是，他最终赢得了这场赌博。事实证明艾森豪威尔的决策是对的：仅在第一天，盟军就有十五万多人成功登上诺曼底；而十余天后，英吉利海峡的天气"是20年来最坏的天气"，暴风雨甚至毁掉了一座人工港湾。

每个人在一生中都有必须做出抉择的时候，这时，你要权衡利弊，果断地做出决定，万不可犹豫不决，否则会让自己损失更多。

犹豫是我们成功的首要敌人。犹豫，使人失掉的是一个个机会。许多本可以成功的人，正是因为没有克服掉犹豫这个缺点，与一个个机会无缘而抱憾终生，所以，要想成功，必须有果断的精神，不能犹豫不决。

在每一场决定人生成败的博弈中，我们一定要时刻保持清醒的头脑，审慎地抉择，果断地做出决定，不能犹豫不决。对于该放弃的就应果断地放弃，就像当老帅被将、无路可退时，必须果断地"弃车保帅"，先挽回败局、稳住阵脚，才有机会反败为胜。当断不断，反受其乱。要想成大事，就应该斩钉截铁、干脆利落，不能拖泥带水。

抛掉不切实际的空想

一年夏天，一个淳朴的乡下小伙子登门拜访年事已高的爱默生。小伙子是一个诗歌爱好者，因仰慕爱默生的大名，故千里迢迢前来寻求文学上的指导。

这位青年诗人虽然出身贫寒，但谈吐优雅，气度不凡。老少两位诗人谈得非常融洽，爱默生对他非常欣赏。临走时，青年诗人留下了薄薄的几页诗稿。爱默生读了这几页诗稿后，认定这位乡下小伙子在文学上将会前途无量，决定凭借自己在文学界的影响大力提携他。爱默生将那些诗稿推荐给文学刊物发表，但反响不大。他希望这位青年诗人继续将自己的作品寄给他。于是，老少两位诗人开始了频繁的书信来往。

青年诗人的信写得长达几页，大谈特谈文学问题，激情洋溢，才思敏捷，表明他的确是个天才诗人。爱默生对他的才华大加赞赏，在与友人的交谈中经常提起这位诗人。青年诗人很快就在文坛有了一点小小的名气。

但是，这位青年诗人以后再也没有给爱默生寄诗稿来，信却越写越长，奇思异想层出不穷，言语中开始以著名诗人自居，语气越来越傲慢。

爱默生开始感到了不安。凭着对人性的深刻洞察，他发现这名年轻人身上出现了一种危险的倾向。通信一直在继续，但爱默生的态度逐渐变得冷淡，最后成了一个倾听者。

很快，秋天到了，爱默生去信邀请这位青年诗人前来参加一个文学聚会。他如期而至。

在这位老作家的书房里，两人有一番对话：

"后来为什么不给我寄稿子了？"

"我在写一部长篇史诗。"

"你的抒情诗写得很出色，为什么要中断呢？"

"要成为一个大诗人就必须写长篇史诗，小打小闹是毫无意义的。"

"你认为你以前的那些作品都是小打小闹吗？"

"是的，我是个大诗人，我必须写大作品。"

"也许你是对的。你是个很有才华的人，我希望能尽早读到你的大作品。"

"谢谢，我已经完成了一部，很快就会公布于世。"

文学聚会上，这位被爱默生所欣赏的青年诗人大出风头。他逢人便谈他的伟大作品，虽然谁也没有拜读过他的大作品。即便是他那几首由爱默生推荐发表的小诗也很少有人拜读过。但几乎每个人都认为这位年轻人必将成大器。否则，大作家爱默生能如此欣赏他吗？

转眼间，冬天到了。

青年诗人继续给爱默生写信，但从不提起他的大作品。信越写越短，语气也越来越沮丧，直到有一天，他终于在信中承认，长时间以来他什么都没写。以前所谓的大作品根本就是子虚乌有之事，完全是他的空想。他在信中写道："很久以来我就渴望成为一个大作家，周围所有的人都认为我是个有才华有前途的人，我自己也这么认为。我曾经写过一些诗，并有幸获得了阁下您的赞赏，我深感荣幸。

"使我深感苦恼的是，自此以后，我再也写不出任何东西了。在现实中，我对自己深感鄙弃，因为我浪费了自己的才华，再也写不出作品了。而在想象中，我是个大诗人！我已经写出了传世之作！已经登上了诗坛的王位。

"尊贵的阁下，请您原谅我这个狂妄无知的乡下小子……"

从此后，爱默生再也没有收到这位青年诗人的来信。

空想给人带来的最大的副作用就是，逃避现实、不思进取。就像故事中的这位青年诗人，当他养成做白日梦的习惯后，根本就没有考虑过如何才能走向成功，如何才能实现自身的价值。他一心只梦想着成功后的那份辉煌。事实上，当他陷入难以自拔的白日梦的泥潭之中时，他原有的才华就已经丧失殆尽了，结果他只能成为一名庸人。

弗洛伊德认为，白日梦是因为在现实生活中，人的某种欲望得不到满足，所以才在一系列虚无的幻想中寻找心理平衡。做白日梦的习惯会给人们带来相当大的危害，所以你必须及早从这种习惯中挣脱出来，不要被它毁了一生。

古往今来，无数名人的事例证明了这一千古不变的真理。

西晋文学家左思少年时，读了张衡的《两京赋》，决心要撰写《三都赋》。他的朋友嘲笑他，说他不可能写成的，但左思就是不服输。他听说有位朋友曾游山岷、邛，就多次登门请教，以便熟悉当地的山川、物产、风俗，并广泛查访了解当地情况。他大量收集资料，然后专心致志，奋力写作。在他的房间里、篱笆旁、厕所里到处放着纸、笔：只要想到好的词句就记录下来，并反复修改。左思整整花费了 10 年的心血，终于完成了《三都赋》。倘若左思认为朋友说得对，自己不去做，他一定写不成；倘若左思只是空想，没有后来10 年的实干毅力，他能完成《三都赋》吗？

生活中，很多人都有做白日梦的习惯，然而美梦终归是要醒的，沉醉于空想之中会让你由逃避现实到与现实脱节，最后一事无成。请记住，在人生路上我们不仅需要一对幻想的翅膀，更需要有一双踏踏实实的脚！

有一位名叫西尔维亚的美国女孩，她的父亲是波士顿有名的整形外科医生，母亲在一家声誉很高的大学担任教授。她的家庭对她有很大的帮助和支持，她完全有机会实现自己的理想。她从念中学的时候起，就一直梦寐以求地想当电视节目的主持人。她觉得自己具有这方面的才干，因为每当她和别人相处时，即使是陌生人也都愿意亲近她并和她长谈。她知道怎样从人家嘴里掏出心里话。她的朋友们称她是他们的"亲密的随身精神医生"。她自己常说："只要有人愿给我一次上电视的机会，我相信一定能成功。"

但是，她为达到这个理想而做了些什么呢？其实什么也没有！她在等待奇迹出现，希望一下子就当上电视节目的主持人。

西尔维亚不切实际地期待着，结果什么奇迹也没有出现。

谁也不会请一个毫无经验的人去担任电视节目主持人，而且节目的主管也没有兴趣跑到外面去搜寻天才，都是别人去找他们。

　　另一个名叫辛迪的女孩却实现了西尔维亚的理想，成了著名的电视节目主持人。辛迪之所以会成功，就是因为她知道"天下没有免费的午餐"，一切成功都要靠自己的努力去争取。

　　她不像西尔维亚那样有可靠的经济来源，所以没有白白地等待机会出现。她白天去做工，晚上在大学的舞台艺术系上夜校。毕业之后，她开始谋职，跑遍了洛杉矶每一个广播电台和电视台。但是，每个地方的经理对她的答复都差不多："不是已经有几年经验的人，我们不会雇用的"。

　　但是，她不愿意退缩，也没有等待机会，而是走出去寻找机会。她一连几个月仔细阅读广播电视方面的杂志，最后终于看到一则招聘广告：北达科他州有一家很小的电视台招聘一名预报天气的女孩子。

　　辛迪是加州人，不喜欢北方。但是，有没有阳光，是不是下雨都没有关系，她希望找到一份和电视有关的职业，干什么都行！她抓住这个工作机会，动身到北达科他州。

　　辛迪在那里工作了两年，最后在洛杉矶的电视台找到了一个工作。又过了五年，她终于得到提升，成为她梦想已久的节目主持人。

为什么西尔维亚失败了，而辛迪却如愿以偿呢？
因为西尔维亚在 10 年当中，一直停留在幻想上，坐等机会；而辛迪则是采取行动，最后，终于实现了理想。

有个人曾经问著名思想家布莱克："您能成为一位伟大的思想家，那么成功的关键是什么？"

"多思多想！"布莱克回答。

这个人如获至宝般地回到家中，开始整天躺在床上，望着天花板，一动也不动，按照布莱克的指点进入"多思多想"的状态。

一个月后，那个人的妻子找到布莱克，愁眉苦脸地诉说道："求你去看看我的丈夫吧，他从你这儿回去以后，就像中了魔一样，整天躺在床上痴心妄想！"

布莱克赶去一看，只见那个人已经变得骨瘦如柴。他拼命挣扎着爬起来，对布莱克说："我最近一直都在思考，甚至到了茶饭不思的地步，你看我离伟大的思想家还有多远？"

"你每天只想不做，那你都思考了些什么呢？"布莱克先生缓缓地问道。

那人回答说："想的东西实在太多，我感觉脑子里都已经装不下了。""哦！我大概忘了提醒你一点：只想不做的人只能产生思想垃圾。成功像一架梯子，双手插在口袋里的人是永远爬不上去的。"接着，布莱克举了这样一个例子：有一位满脑子都是智慧的教授和一位文盲相邻而居。尽管两人地位悬殊，知识、性格更是有着天渊之别，可是他们都有一个共同的目标：如何尽快发财致富。每天，教授都跷着二郎腿在那里大谈特谈他的"致富经"，文盲则在旁边虔诚地洗耳恭听。他非常钦佩教授的学识和智慧，并且按照教授的致富设想去付诸实际行动。几年后，文盲成了一位货真价实的百万富翁。而那位教授呢？他依然是囊空如洗，还在那里每天空谈他的致富理论。

梦想终究是梦想，不迈步就想获得成功，这种天上掉馅饼的事是不可能有的。

解决问题要抓本质

　　秦穆公对伯乐说："您的年纪大了，您的子侄中间有没有可以派去寻找好马的呢？"

　　伯乐回答说："我的子侄们都是些才智低下的人，可以告诉他们识别一般的良马的方法，不能告诉他们识别天下难得的好马的方法。有个曾经和我一起拿着扁担挑绳打柴的人叫九方皋，他观察识别天下难得的好马的本领决不在我之下，请您接见他。"

　　秦穆公接见了九方皋，派他去寻找好马。过了三个月，九方皋回来报告说："我已经在沙丘找到好马了。"秦穆公问道："是匹什么样的马呢？"九方皋回答说："是匹黄色的母马。"秦穆公派人去把那匹马牵来，一看，却是匹纯黑色的公马。秦穆公很不高兴，把伯乐找来对他说："坏了！您所推荐的那个找好马的人，连马的毛色和公母都不知道，他怎么能懂得什么好马不好马呢？"

　　伯乐长叹了一声，说道："九方皋相马竟然达到了这样的境界吗？这正是他胜过我千万倍乃至无数倍的地方！九方皋他所观察的是马的天赋的内在素质，深得它的精妙，而忘记了它的粗糙之处，明悉它的内部，而忘记了它的外表。九方皋只看见所需要看见的，看不见他所不需要看见的，只视察他所需要视察的，而遗漏了他所不需要观察的。像九方皋这样相马，包含着比相马本身价值更高的道理啊！"

等到把那匹马牵回驯养使用，事实证明，它果然是一匹天下难得的好马。

从上述故事可以看到，九方皋识马的方法非同寻常。他的高明之处，就在于同伯乐一样，懂得看事物要抓住本质。他相马时，虽然忽略了牝牡骊黄的差别，不把观察力放在马的性别、色泽上，而主要抓住了形状、骨架等方面的本质特征。可以说九方皋观察事物的方法是注意了事物内在的本质。抓住了事物的本质这一矛盾的主要方面，不妨忽略其肤浅的表象，这正是九方皋相马有术之所在。当然这并不是提倡在实际观察事物的过程中，只注意矛盾的主要方面，而对次要方面可以忽略不计。这里所要强调的是认识和掌握事物时，要抓住本质。

那么，当遇到事情时，我们能否有全局性的眼光，去寻求从根本上解决问题的办法，一下子抓住关键点呢。我们先来看一个小故事：

一天，动物园管理员发现袋鼠从笼子里跑出来了，于是开会讨论，一致认为是笼子的高度过低。所以他们决定将笼子的高度由原来的 10 米加高到 20 米。结果第二天他们发现袋鼠还是跑到外面来，他们又决定再将高度加高到 30 米。没想到隔天居然又看到袋鼠全跑到外面，于是管理员们大为紧张，决定一不做二不休，将笼子的高度加高到 100 米。一天，长颈鹿和几只袋鼠在闲聊。长颈鹿问："你们看，这些人会不会再继续加高你们的笼子？""很难说，"袋鼠说，"如果他们再继续忘记关门的话！"

凡事有本末、轻重、缓急，关门是本，加高笼子是末，舍本而逐末，当然就不得要领了。

　　从以上诸例不难看出，人们在认识和解决问题过程中，抓住本质是至关重要的。抓住了本质就是抓住了事物的要害，再难再复杂的问题也就迎刃而解了。如果眉毛胡子一把抓，必然不得要领，其结果也就可想而知了。

第六章

你的创新能力:格局改变思路

寻找解决问题的新角度

成大事者在遇到难题时善于换位思考，即从另外一个角度重新审视自己和环境，以便找到新的人生机遇和突破点。这就是说，换位思考是成功者的手段之一。

很多人不敢创新，或者说不愿意创新，是因为他们头脑中关于得失、是非、安全、冒险等价值判断的标准已经固定，这使他们常常不能换一个角度想问题。

著名的化学家罗勃·梭特曼发现了带离子的糖分子对离子进入人体是很重要的。他想了很多方法以求证明，都没有成功。直到有一天，他突然想起不从无机化学的观点，而从有机化学的观点来看这个问题，才得以成功。

当然，作为在平凡生活中追求财富和梦想的普通人，换一个角度想问题的方法所取得的成效，不亚于科学家们的新发现。

麦克是一家大公司的高级主管，他面临一个两难的境地。一方面，他非常喜欢自己的工作，也很喜欢跟随工作而来的丰厚薪水——他的位置使他的薪水有只增不减的特点。

但是，另一方面，他非常讨厌他的主管，经过多年的忍受，最近他发觉已经到了忍无可忍的地步了。在经过慎重思考之后，他决定去猎头公司重新谋一个别的公司的职位。猎头公司告诉他以他的条件，再找一个类似的职位并不费劲。

回到家中，麦克把这一切告诉了他的妻子。他的妻子是一个教师，那天刚刚教学生如何重新界定问题，也就是把你正在面对的问题换一个面考虑，把正在面对的问题完全颠倒过来看，不仅要跟你以往看这问题的角度不同，也要和其他人看这问题的角度不同。她把上课的内容讲给了麦克听，这给了麦克以启发，一个大胆的创意在他脑中浮现。

第二天，他又来到猎头公司，这次他是请公司替他的主管找工作。不久，他的主管接到了猎头公司打来的电话，请他去别的公司高就。尽管他完全不知道这是他的下属和猎头公司共同努力的结果，但正好这位老板对于自己现在的工作也厌倦了，没有考虑多久，他就接受了这份新工作。

这件事最美妙的地方，就在于主管接受了新的工作，结果他目前的位置就空出来了。麦克申请了这个位置，于是他就坐上了以前他主管的位置。

这是一个真实的故事，在这个故事中，麦克本意是想为自己找个新的工作，以躲开令自己讨厌的主管。 但他的太太教他换一面想问题，就是替他的主管而不是他自己找一份新的工作，结果，他不仅仍然干着自己喜欢的工作，而且摆脱了令自己烦恼的主管，还得到了意外的升迁。

一些专家在研究汽车的安全系统如何避免乘客在撞车时受到伤害时，最终也是得益于换一面解决问题。 他们想要解决的问题是，在汽车发生冲撞时，如何防止乘客在汽车内移动而受伤——这种伤害常常是致命的。 在种种尝试均告失败后，他们想到了一个有创意的解决方法，就是不再去想如何使乘客绑在车上不动，则是去想如何设计车子的内部，使人在车祸发生时最大限度地减少伤害。 结果，他们不仅成功地解决了问题，而且开启了汽车设计的新时尚。

在现实的生活中，当人们解决问题时，时常会遇到瓶颈，那是由人们只在同一角度停留造成的，如果能换一换视角，也就是我们一直在说的换一面考虑问题，情况就会改观，创意就会变得有弹性。 记住，任何创意只要能转换视角，就会有新意产生。

遇到难以解决的问题，与其死盯住不放，不如把问题转换一下，化难为易，达到解决问题的目的。 聪明人可以把复杂问题简单化，不聪明的人可以把简单的问题复杂化。 事实上，解决复杂问题时能够化繁为简，就体现了一种新的视角。 "曹冲称象"中，曹冲之所以能够把称大象这么一个复杂的困难问题变得简便易行，关键是他把"称大象"变成了"称石头"。

我们还可以把自己生疏的问题转换成熟悉的问题，从而打开了一个新视角，产生了一条新思路。

19 世纪末，法国园艺学家莫尼哀要设计一种坚固的花坛，然而，他对建筑结构和建筑材料一窍不通。 于是他把花坛的构建转换成植物的根系来作为切入点。 植物根系盘根错节，牢牢地和土壤结合在一起。 他把土壤转换为水泥，把根系转换为一根一根的钢筋，并用水泥包住钢筋，从而建造出了新型的花坛，而且发明了钢筋混凝土。

把不能办的事转化为能办的事，我们就多了一种观察和解决问题的新视角。 其实寻求解决问题的新角度可以有很多的方法，比如：可以思考让产生问题的条件发生改变。 也就是思考如何通过改变事物存在与发展的决定条件，使其随之发生适应某个问题的某种变化，从而获得解决问题的办法或启示。 例如，过去用冰箱都是冷冻室在上面，冷藏室在下面。 日本夏普公司进行了换位思考，发现用户对冷藏室用得较多，还是放在上面方便。 于是设计时换了个位置。 但由于冷空气往上走的特性，改变设计后冷冻室的低温不能很好地利用，比较费电。 但研究者想，想办法让冷空气往上走问题不就解决了吗？ 于是，在冰箱内安上排风扇和通风管，把下面的冷空气提升到上面的冷藏室。 经过条件转换思考，新型电冰箱既使用方便，又保留了原来省电的优点，受到了用户的欢迎。

日本一家庭主妇煎鱼时发现鱼肉总是粘锅，煎好的鱼铲起来很费事，而且鱼也容易碎掉。 她通过换个加热位置在锅盖上安装电阻丝，发明了煎鱼不煳的锅。

一个小村镇内只有两个理发店，甲店很脏，地上都是头发，乙店很干净地上不见头发。 在这种情况下，某人通过换位思考，仍然去了甲店理发，他的理由是地上头发多的理发店，理发师头发剪得好。

另外，寻求解决问题的全新视角，也是解决问题行之有效的好办法。 这就需要你努力从众多的新角度去思考某一事物或问题，以便获得更多的新认识，提出更多的解决问题的新办法。

美国密歇根州詹姆斯敦小学的一位老师曾让每个学生都给当地企业写封信，提个尽可能荒谬的要求。 小学生凯特于是写信给当地的一家快餐连锁店说，她希望能终身吃炸鸡，因为这是她的最爱。结果这家快餐店竟答应了凯特的要求，因为连锁店老板觉得凯特把这家店的食品当作自己的最爱是他们的荣幸，从凯特的视角看来是荒谬的要求，店老板以新的视角却是对他们食品的钟爱。

寻找解决问题的新角度本身就是一种创新，一种改变，所谓"退一步海阔天空"，很多时候就是这么看似不起眼的一步，就可能令局面大为改观，让我们看到"柳暗花明"的一片新天地。

撞了南墙及时回头

许多人之所以找不到正确的方向，是因为坚持一条道走到底。其实生命并非只有一处灿烂辉煌，撞了墙时及时回头，也许你能看到另一番灿烂的景象。

生活中我们常常一方面抱怨人生的路越走越窄，看不到成功的希望；另一方面又因循守旧、不思改变，习惯在老路上继续走下去。

美国康奈尔大学威克教授做过这样一个实验：拿一只敞口玻璃瓶，瓶底朝光亮一方，放进一只蜜蜂，蜜蜂在瓶中反复朝有光亮的方向飞，它左冲右突，努力了好多次，都没有飞出瓶子，可它就是不肯改变突围的方向，仍旧按原来的方向去冲撞瓶壁。最后，它耗尽了气力，气息奄奄了。

然后，教授又放进了一只苍蝇，苍蝇也朝有光亮的方向飞，突围失败后，又朝各种不同方向尝试，结果终于从瓶口飞走了。

这个实验充分说明了：采取的策略和思维不通，就会带来不一样的结果。成功在于思维的变换，世界上没有不犯错误、不经历失败的人，重要的是一条路走不通的时候，要赶紧转过身去寻找另一条出路。有时候在困境面前，改变一下思路，一切就峰回路转、柳暗花明了。很多成功者的事例都证实了这一点。

蒲松龄，清初山东人，由于当时科举制度不严谨，科场中贿赂盛行，舞弊成风，他四次试举人都落第了。蒲松龄志存高远，没有因为落第而悲观失望，相反，他另辟新路，放弃从官之路，立志要写一部"孤愤之书"。他在压纸的铜尺上镌刻一副对联，联云：

"有志者，事竟成，破釜沉舟，百二秦关终属楚；苦心人，天不负，卧薪尝胆，三千越甲可吞吴"。

蒲松龄以此自勉。后来，他终于写成了一部文学巨著——《聊斋志异》，自己也成了千古流芳的文学家。

蒲松龄虽然落第，与仕途无缘，但他找到了成就自己的另一条道路，在这条新开辟的道路上，他取得了成功，也为后人留下了宝贵的精神财富。像他这样的例子在历史上还有很多。

在中国被称为"东亚病夫"的黑暗年代，鲁迅抱着医学救国的热情东渡日本留学。当他从电影中看到中国人被日寇砍头示众、周围却挤满了看到同胞被害而麻木不仁的人群的情景后，内心受到极大的震动，他觉得"凡是愚弱的国民，即使体格如何健全，如何茁壮，也只能做毫无意义的示众材料和看客，病死多少也不必以为不幸的"。他毅然弃医从文，立志用手中的笔来唤醒沉睡的中国民众的灵魂。从此，鲁迅把文学作为自己的目标，成了伟大的文学家、革命家，他用手中的笔做武器，写出了《呐喊》《狂人日记》等许多作品，唤醒了无数同胞起来和黑暗势力做斗争。

由此可见，人生的竞赛场上，并非只一处辉煌，此路不通时，要及时回头，这样才能找到你的生活目标。

识时务者为俊杰

为人处世要识时务，要能看透世事发展的趋势，并顺应世事发展，及时采取应变之策。审时度势是识时务最基本的功夫之一。看透世事发展的趋势，并顺应世事发展，及时采取应变之策，才是识时务的要义之一。

古人说：成者王侯败者贼。而历来古今中外之"成者"，无一不是识时务的俊杰。

李斯生于战国末年，年轻时当过小官，对当时现实和自己的处境很不满，一心想建功立业。他经常看见在厕所中觅食的老鼠，遇见人或狗就慌忙逃窜，样子显得十分狼狈。再看粮仓中的肥鼠，自由自在地偷吃粮食，没有人去打扰。

李斯由感叹得到启发，发现人要像粮仓之鼠，才能为所欲为，自由自在。他到齐国去拜荀子为师，专门学习治理国家的学问。

学成之后，李斯仔细分析了当时的形势。楚王无所作为，不值得为他效力。其他几国势单力薄，也成不了大气候。他感到只有秦国能有所作为，于是决定到秦国去。

临行前，荀子问李斯去秦国的原因，李斯回答说："学生听说不能坐失良机，应该急起直追。如今各国争雄，正是立功成名的好时机。秦国想吞并六国，统一天下，到那里去正可以干一番大事业。人生在世，最大的耻辱是卑贱，最大的悲哀是穷困。一个人总处于卑贱贫穷的地位，就像禽兽一样。不爱名利，无所作为，不是读书人的真实想法。所以我要去秦国。"荀子对此大加赞赏。

李斯刚到秦国时，并不得志。后来相国吕不韦发现李斯博览群书，加以重用，李斯才有了接近秦始皇的机会。

这时秦始皇正想一统天下，李斯趁机向他献计说："凡是成大事业者，都应抓住时机。秦国在穆公时虽然强盛，由于时机不成熟，没有完成统一大业。自孝公以来，王室衰微，诸侯争霸，各国连年打仗。现在秦国国力强盛，大王英明，消灭六国像除灶尘一样容易。这正是完成帝业，统一天下的大好时机。如果错过机会，等各国强大并联合起来后，那时虽有大王的英明，也难以吞并天下了。"

秦始皇听了这些话十分兴奋，马上提拔李斯为长史，按他的谋略派谋士刺客到各国去，用重金收买各国大臣名士，收买不了的就刺杀。与此同时，义派出名将率重兵以武力威胁，迫使各国就范。

在10年时间内，李斯辅佐秦始皇消灭了六国，完成了统一天下的大业。他因此为秦始皇所器重，官位上升到了丞相。

李斯不愧是识时务者，当然属俊杰之列。择木而栖或者择主而从的问题，也充分体现了抓住时机的谋略，以此来达到自己的目的。李斯给"良禽择木而栖，良臣择主而事"做了绝佳的注解。

由此可见，幸运不是从天而降的，这关键在于你是否能够有一双雪亮敏锐的眼睛，而且处处留心洞察分析时机，揣度情况。当你等到适合的时机，因事制宜，好运气终会属于你。

做人不要太固执

曾有人问孟子说，依礼制，男女之间连亲手递接东西都不可以，那么要是一个人的嫂子掉进水里，他可以用手去拉她吗？

孟子说，嫂子掉进水里，不去拉她，那简直就是豺狼。男女之间不亲手递接东西，这是礼制，但礼制也应根据实际情况加以变通，嫂子落水而伸手援救，这就是一种变通。

百里奚在虞国时，晋人用美玉、良马向虞公借路去攻打虢国。虞国大臣纷纷劝说虞公不要应允，唯独百里奚不去劝，因为他知道虞公不会听从任何人的劝阻，劝也无用。所以他并不死守在虞国，而是去辅助秦国，因为他知道虞国无道，注定失败，而秦穆公才是一位可以辅助的人。

孟子不但没用儒家的观点去批评百里奚的背信弃义、投敌叛国，反而对他大加赞赏，并说像百里奚这样的人才是真正的聪明人。孟子还说：有德行的人，也不必句句都讲诚信，行动也不一定要贯彻始终，只要是与义同在，仗义而行就行了。

从上面的例子可以看出，孟子所倡导的"权变"思想，主要是为了起到"通"与"达"的作用。即是对人们行为的一种取舍，要求人们知法度而不拘泥于法度，明事理而不淤滞于事理；知进退，善变通；允中厥，不极端；动静相宜，行止有度。

孟子的这种"通权达变"的处世方式，实为人生道路上不可或缺的一种权巧方便。人生于世、行于世，本来就是一场非常艰巨而严峻的考验，并且世间万物纷然而庞杂难以一概而论。虽然从人生的进取层面来看，为人自然应该战战兢兢，如履薄冰，如临深渊，但在具体的实际行动则应遵循"权变"的原则，不应执于一端，否则东向西望难见西墙。世事的复杂，时势的多变，要求人们在不同的情况下采取不同的应对措施，唯有灵活掌握"权变"的通达，才能真正做到进退自如。

种子落在土里长成树苗后最好不要轻易移动，一动就很难成活。而人就不同了，人有脑子，遇到了问题可以灵活地处理，用这个方法不成就换一个方法，总有一个方法是对的。做人做事要学会变通，不能太死板，要具体问题具体分析，前面已经是悬崖了，难道你还要跳下去吗？不要被经验束缚了头脑，要冲出惯性思维的樊笼，执着很重要，但盲目的执着是不可取的。人生一直都充满着变化，即使是相同的事件，在不同人的身上发生，都会有不同的感受与发现。所以，不要用听说或看见来表露自己的感同身受，唯有亲自经历，才能得到真正的体验，也曾能从这样的经验中，得到真正的启发，让自己更加懂得变通。

变通是生活中不可缺少的智慧。善于变通的人能够认识到什么是机会，并会及时采取行动抓住机会。变通能力需要以人的洞察力和行动力为武器，要时时与自身固执的心态做斗争。成功和失败，只在一念之间。在处理问题时，我们总是习惯性地按照常规思维去思考，如果我们学会灵活变通，那么你会发现"柳暗花明又一村"。

有两个年轻人，一个叫小山，一个叫小水，他们同住在一个村庄里面，成为最要好的朋友。由于居住在偏远的乡村谋生不易，他们就相约到很远的地方去做生意，于是都把田地变卖，牵着驴带上自己所有的财产远行了。

他们首先抵达到了一个生产麻布的地区，小水就对小山说："在我们家乡，麻布是一种非常值钱的东西，我们把所有的钱换取麻布，然后带回家乡卖，一定会有利润的。"小山同意了，于是他们两个人各自买了麻布细心地捆绑在驴子背上。

走了几天，他们到达了一个盛产毛皮的地方，那里也正好缺少麻布，小水就对小山说："毛皮在我们家乡是更值钱的东西，我们把麻布卖了，换成毛皮，这样做不但能够把我们的本钱收回来，同时返回乡之后还能有很高的利润！"

小山说："不了，我的麻布已经非常安稳地捆在驴背上，要搬上搬下是一件多么麻烦的事啊！"

小水把麻布全换成毛皮，还多赚了一笔钱。小山依然只有一驴背的麻布。

他们又走到一个生产药材的地方，那里天气苦寒，正缺少毛皮和麻布，小水就对小山说："药材在我们家乡是更值钱的东西，你把麻布卖了，我把毛皮卖了，换成药材带回家乡一定能赚大钱的。"

小山拍拍驴背上的麻布说："不了，我的麻布已经很安稳地捆在驴背上，何况已经走了那么长的路，卸上卸下的实在太麻烦了！"后来，小水就把自己所拥有的毛皮都换成了药材，又赚了一笔钱。小山却依然只有一驴背的麻布。

后来，他们又来到一个盛产黄金的城市，那个充满金矿的城市是个不毛之地，非常欠缺药材，当然同时也十分缺少麻布。小水就对小山说："在这里药材和麻布的价钱很高，黄金非常便宜，在我们故乡的黄金却十分昂贵，我们为何不把药材和麻布换成黄金，这样，一辈子就不用为吃穿而发愁了。"

　　小山又一次拒绝了："不！不！我的麻布在驴背上很稳妥，我不想把它们变来变去的。"小水卖了药材，把它们换成一批黄金，又赚了一笔钱，小山还是守着一驴背的麻布。

　　最后，他们两人都回到了自己的故乡，小山卖了麻布，只得到了蝇头小利。而这次远行对于小水来说不但带回来了一大笔的财富，还把黄金卖了，小水便成为当地最大的富豪。

　　在这个故事中小山只是在愚蠢地固守着自己的原则，没有在环境适合的时候适当地做出改变，结果，他还是原来贫穷的小山，而小水却因为懂得变通变成了一个富人。可见，过分的固执是一件十分可笑的事情。

做人做事要机敏灵活

古书称"随机应变，则易为克殄"。意思是说，跟随时机调整策略就容易战胜对方。天地间没有不变的事情。万事万物随时而变，随地而变，随社会的发展而变，随人的生理、情感、观念而变。时时在变，处处在变，人人在变。学会应变、善于应变、精于应变，能够随着时势、事态的变化而从容应变，是一个人做事时越需具备的本领。不能认清客观形势的变化，不能跟着客观形势变化而变通的人，最终将什么事都做不成。由于人的力量有限，做事时充分利用外在环境、外在条件所提供的优势，则可以取得更大的优势、更大的成功。

东汉末年，董卓的篡权行为激起了朝臣的普遍愤恨，当时还只是骁骑校尉的曹操决定刺杀董卓。一日，他佩着宝刀来到相府，见董卓在小阁坐于床上，吕布侍立于侧。董卓一见曹操，便问他为何来得晚。曹操回答说："乘马赢弱，行动迟缓。"于是，董卓即让吕布去从新到的西凉好马中选一匹送给曹操。吕布领命而出。曹操觉得机会来了，即想动手，但又怕董卓力大，难以制服。正犹豫间，董卓因身体肥胖，不耐久坐而倒身卧于床上并转面向内。曹操见状急忙抽出宝刀，就要行刺。不料董卓从衣镜中看到曹操在背后拔刀，急回身问道："曹操干什么？"此时吕布已牵马来到阁外。曹操心中不免暗暗发慌，他灵机一动，便表情镇静地双手举刀跪下说："今有宝刀一口，献给恩相。"董卓接过一看，果然是一把宝刀：七宝嵌饰，锋利无比。董卓便将宝刀递给吕布收起，曹操也将刀鞘解下交给吕布。然后，董卓带曹操出阁看马，曹操趁机要求试骑一下。董卓不假思索便命备好鞍辔，把马交给曹操。曹操牵马出相府，加鞭往东南而去。

曹操是一个高明的刺客。宝刀既可以作为刺杀董卓的利器，亦可以作为进献的礼物。最关键一点是曹操的随机应变，在紧急关头灵活机智，使自己得以保全性命。由此可见，曹操是一个全身成事的英雄，而不是一个舍生取义的莽汉。

事情的成败，都有主客观许多因素，只有把握住最有利的条件和机会，选择最恰当的方式，才能成功。"相机而行""见机行事"这一谋略的实质还在于，事物在不断地变化之中，主客观条件也是不断变化着的，只有能够随着时间、地点和机会的变化而灵活地做出不同选择的人，才能把握住成功的主动权。

我们总是处于一个具体的、复杂的、多变的环境中，面临众多的机遇和挑战。如何在激烈的竞争中立于不败之地，机敏是一个必不可少的因素。对于个人而言，机敏是一个人智慧的象征。如果不是平常就修养已久，很少有不茫然失措的，一点小事就会闹得不可收拾；只有头脑聪明，反应敏锐的人，才能够发挥个人的机智，在顷刻之间镇定自若，在面临瞬息万变的局势时，都能履险如夷。

学会迂回前进

　　大赵下岗后一直找不到好工作，有一天他在报纸上看到了一则招聘广告：一家报社招聘编辑、记者，而且只问才能，不问学历！看到这个广告后，大赵乐坏了，因为他虽然只有高中文凭，但却十分热爱写作，曾发表过十万余字的各种体裁的作品。于是大赵满怀信心地去报了名，但几天也没得到面试通知，打电话一问，人家说是学历太低。这下可把大赵气坏了，大赵发誓非进这家报社不可。从那以后，大赵开始大量向那家报社投稿，丝毫不计较稿费的高低。由于这家报社开了不少副刊，大赵悉心加以研究后，专门为他们量身定做，所以他的作品几乎篇篇被采用，甚至还创造过这样的"奇迹"：有一次，该报的副刊总共只有7篇稿子，其中3篇是大赵的"大作"，只是署名不一样。于是大赵的作品被这家报社的编辑竞相争抢，常常是刚应付完文学版的差事，杂文版的差事又来了。有时候他的创作速度稍慢一点，那些编辑就会心急火燎地打电话催稿。一段时间后，那家报社给大赵打来了电话：如果他愿意，现在就可以去上班。

　　大赵直来直去地去应聘时，受到了冷遇；他兜了个圈子后，报社反而主动来请他。　这是什么道理呢？欲速则不达，直来直去的习惯常常会让你碰壁，迂回前进反而会让你更快达到目的。

　　人们曾做过这样一个试验：他们把一只蝴蝶放飞在一个房间

里，它会拼命地飞向玻璃窗，但每次都碰到玻璃上，在上面挣扎好久恢复神志后，它会在房间里绕上一圈，然后仍然朝玻璃窗上飞去，当然，它还是碰壁而回。

其实，旁边的门是开着的，只因那边看起来没有这边亮，所以蝴蝶根本就不会朝门口飞。追求光明是多数生物的天性，它们不管遭受怎样的失败或挫折，总还是坚决地寻求光明的方向。而当我们看见碰壁而回的蝴蝶的时候，应该从中悟出这样一个道理：有时，我们为了达到目的，选择一个看来较为遥远、较为无望的方向反而会更快地如愿以偿；相反，则会永远在尝试与失败之间兜圈子。

有一位留学法国的计算机博士，毕业后在法国找工作，结果连连碰壁，许多家公司都将这位博士拒之门外。这么高的学历，这么热门的专业，为什么找不到一份工作呢？万般无奈之下，这位博士决定换一种方法试试。

他收起了所有的学位证明，以最低的身份去求职。不久他就被一家电脑公司录用，做一名最基层的程序录入员。这是一份稍有学历的人都不愿去干的工作，而这位博士却干得兢兢业业、一丝不苟。没过多久，他的上司就发现了他的出众才华：他居然能看出程序中的错误，这绝非一般录入人员所能比的。这时他亮出了自己的学士证明，老板于是给他调换了一个与本科毕业生对口的工作。过了一段时间，老板又发现他在新的岗位上游刃而余，还能提出不少有价值的建议，这比一般大学生高明，这时他才亮出自己的硕士身份，老板又提升了他。

有了前两次的经验，老板也比较注意观察他，发现他还是比硕士有水平，对专业知识的广度与深度都非常人可及，就再次找他谈话。这时他才拿出博士学位证明，并叙述了自己这样做的原因。此时老板才恍然大悟，并毫不犹豫地重用了他，因为老板对他的学识、能力和敬业精神早已了解了。

与这位博士相反，许多年轻人初入社会时，往往把自己的一堆头衔、底牌全部亮出来，夸耀自己，结果或者让别人反感而难以与人合作，或者招来很高的期望值结果却让人失望，稍有失误便难以翻身。

在现实生活中，人们无论做什么都习惯于直来直去，结果费了不少力气，却没见到什么成效，如果他们能学会兜个圈子的话，那么行动起来就会更顺利。

换种思维，感谢你的"敌人"

在现实生活中，人们可能一直为自己有个竞争强敌而苦恼不已，因为有了这个"敌人"，我们就要时刻提防自己被他超越，为了自己的生存，我们往往要用自己百分之百的努力去工作、去学习。

日本的北海道盛产一种味道鲜美的鳗鱼，许多渔民都以捕捞鳗鱼为生。

鳗鱼的生命力很脆弱，只要一离开大海，要不了半天就会死亡。奇怪的是，渔村有一位老渔民天天出海捕捞鳗鱼，上岸后，他的鳗鱼总是活蹦乱跳的。而其他渔民，无论如何处置捕捞到的鳗鱼，回港后鳗鱼全都死了。由于鲜活的鳗鱼比已经死了的鳗鱼价格几乎要贵出一倍以上，所以几年后，老渔民成为远近闻名的富翁，周围的渔民却只能维持简单的生活。老渔民临终之前，才把让鳗鱼不死的秘诀传授给了儿子。原来，老渔民每次出海，都在鱼舱中放进几条狗鱼。鳗鱼和狗鱼是出名的死对头，几条势单力薄的狗鱼一旦遇到成舱的鳗鱼，便惊慌地在鳗鱼堆里四处乱窜。而鳗鱼遇到狗鱼就会立刻警惕起来，这样一来，几条狗鱼就把满满一舱死气沉沉的鳗鱼全都给激活了。

一种动物如果没有天敌，就会变得死气沉沉。 鳗鱼因为有了狗鱼这样的敌人，才重新激起生存的活力。 社会生活中，一个人如果没有"敌人"，他就会甘于平庸，养成惰性，最终导致庸碌无为。一个群体、一个行业如果没有"敌人"，就会因为安于现状而失去进取的动力，逐步走向衰落。 这样的事例不胜枚举。 有了"敌人"，才会有危机感，才会有竞争力。 有了"敌人"，你便不得不奋发图强，不得不锐意进取，否则就只有等着被吞并，被替代，被淘汰。

也许，在公司中你是资深员工，经验丰富，能力强，很有可能是下一任主管的候选人。 可是突然某一天，办公室来了新面孔。她可能是公司重金挖来的同行高手，也可能是聪明伶俐、勤奋肯干的后起之秀……总之，她的到来为办公室带来了新气象，也让你明里暗里感到了扑面而来的巨大压力……

杰琳是某跨国公司的业务骨干，两个月前，人事经理带着一位俊秀、干练的女子走进办公室，介绍说这是新同事，是公司为了拓展南方市场从其他公司挖来的市场推广"高手"。

"我叫伊娜，请各位多多关照。""高手"笑容可掬地跟大家打招呼。

高手？有多高？杰琳也像其他同事一样对"高手"伊娜好奇并观望着。杰琳还靠自己的老关系从人事部门了解了伊娜的背景资料：名牌大学毕业，原公司驻华南总部的资深职员，有丰富的行业经验和客户资源。

就这些吗？也没有什么突出之处啊，杰琳想。可是接下来发生的事情却让杰琳对伊娜不得不刮目相看了。

第一次策划会上，主管让伊娜先发言。伊娜摊开策划书，不慌不忙地宣读，条理清晰，思路新颖，关键之处还做了详尽周到的说明，令在场的所有人都如沐春风。待她发言结束，主管抑制不住兴奋的心情总结道："新人来了就是不一样，给我们带来了新的思路和更丰富的信息来源，好，好。"

伊娜的出色不仅表现在工作上，在最近一次公司PAR-TY上，她那近乎专业水平的美妙歌喉赢得了全场掌声，让她大大出了一回风头。

如果仅仅是这些，杰琳倒也没放在心上，新人嘛，总会带来一些新气象，可是上周发生的一件事情，却让杰琳感到了压力。

为争取到泛英公司这个大客户，杰琳已经跟踪了3个月，可总是差那么一点不能达到目的。为此主管把杰琳单独叫到办公室，说有一个新的项目要让她做，至于泛英公司的项目嘛——"就移交给伊娜吧，让她锻炼锻炼"。

主管说得很诚恳，杰琳也知道，有时换一个人换一种思维可能会加速项目进度。但多少有点赌博的味道，谁也不敢保证什么。何况伊娜是新人，她能行吗？

但事情完全出乎意料，一个月后，伊娜微笑着把合同书放到了主管的办公桌上。

主管在全部门同事的面前对伊娜大大表扬了一番。所有人都欢欣鼓舞，杰琳也不例外，可是杰琳的满脸笑意中却透着一点尴尬，别人看不出来，但是她自己知道——伊娜用一个月时间就完成了她3个月都未搞定的事情，能不让人窝火吗？杰琳明显感到一股来自伊娜的压力正向她滚滚涌来。

从此，杰琳再也不会9点上班10点到——作为曾经的业务骨干和老员工，这在以前似乎是很正常的事；再也不会对客户漫不经心了——以前优秀的业绩让她对开拓新客户已经感觉可有可无了；再也不会感觉工作枯燥无味了——她现在最感兴趣的就是让伊娜看到自己的真实能力……

又三个月过去了，杰琳终于在年底绩效评估中一路领先。可能伊娜都没想到，正是自己的出现，给杰琳带来了深深的恐慌感，从而促成了她职业生涯的再度辉煌。

所以，不要一味地把"敌人"视为眼中钉、肉中刺，其实，换一个角度看问题，拥有一个"敌人"并不是坏事。他会让你时刻有种危机四伏的感觉。为了生存和发展，你就必须以更加旺盛的斗志去迎接挑战，从而在与"敌人"的竞争中不断完善自己，不断进行自我扬弃，永葆生机和活力。

有一位动物学家，他在考察生活于非洲奥兰治河两岸的动物时，注意到河东岸和河西岸的羚羊大不一样，东岸的羚羊繁殖能力十分强，西岸的羚羊繁殖能力却十分弱，并且东岸羚羊的奔跑速度每分钟要比西岸羚羊快15米。

这是为什么呢？

动物学家首先研究了两岸的自然环境和食物结构，结果发现两岸自然环境和食物结构基本上没有差别。

那是什么造就了两岸羚羊的强弱不同呢？

为了解开这个迷，动物学家和当地动物保护协会进行了一次实验：他们在河东岸捉了 10 只羚羊放到西岸，同时在河西岸捉了 10 只羚羊放到东岸。

几个月过去后，动物学家发现，原生活于东岸而被送到西岸的羚羊繁殖到了 15 只，而原生活于西岸而被送到东岸的羚羊，却只剩下了 4 只，另外 6 只被狼吃掉了。

原来，生活于东岸的羚羊之所以强壮，是因为它们居住的地方有狼群，它们是生于忧患之中，经常奔跑，生存能力在与狼的竞争之中不断强化。而西岸的羚羊因为没有狼群威胁，缺乏生存压力，奔跑少，因而弱不禁风。

在一个没有"狼"的地方生存，的确是一件快乐的事情，但"狼"是客观存在的，"狼"最终要来。如果你想生存下去，就必须比"狼"跑得更快。这种每日的奔跑，可能是一件辛苦的事情，但正是在这种奔跑中，你的生存能力会越来越强大。

海湾战争之后，美国军方提出了战争状态下士兵的生存能力比作战能力更为重要的全新理念。于是一种被称之为"艾布拉姆"式的 M1A2 型坦克开始陆续装备美国陆军。

这种坦克的防护装甲是目前世界上最坚固的，它可以承受时速超过 4500 千米、单位破坏力超过 1.35 万千克的打击力量，而这种力量被美武器专家形容为"可以轻易地将一只球捧上月球"。那么，M1A2 型坦克这种品质优异的防护装甲是如何研制出来的呢？

乔治·巴顿中校是美国陆军最优秀的坦克防护装甲专家之一，他接受研制 M1A2 型坦克装甲的任务后，立即找来了毕业于麻省理工学院的著名破坏力专家迈克·马茨工程师。两人各带一个研究小组开始工作，所不同的是，巴顿带的是研制小组，负责研制防护装甲，马茨带的则是破坏小组，专门负责摧毁巴顿已研制出来的防护装甲。

刚开始的时候，马茨总是能轻而易举地将巴顿研制的新型装甲炸个稀巴烂，但随着时间的推移，巴顿一次次地更换材料、修改设计方案，终于有一天，马茨使尽浑身解数也未能奏效。于是，世界上最坚固的坦克在这种近乎疯狂的"破坏"与"反破坏"试验中诞生了，巴顿与马茨这两个技术上的"冤家"也因此而同时荣获了紫心勋章。

可见，在生活中，选择一个强大的对手做"敌人"，正是为了使你能更及时、更深刻地发现自己的不足，从而使自己更趋完善，达到意想不到的效果。

企业在市场上的竞争，也是同样的道理。作为美国饮料市场上的老二，百事可乐始终是将可口可乐作为竞争目标和市场动力来对待，在不断的挑战中不断发展壮大。

企业之间的争夺永远是在市场上进行。为了占有市场，百事可乐对原有的经营方式进行了五项改革：（1）改良口味，使其不逊于可口可乐；（2）重新设计外包装和公司的各种标识，发挥整体广告的宣传作用；（3）增加广告投入，提升本公司的品牌形象；（4）集中力量攻占可口可乐所忽视的市场；（5）集中力量攻占市场据点，选定了美国的 25 个州和国外的 25 个地区作为重点攻克目标。

但事实并非如百事可乐所愿，因为无法抓住可口可乐的弱点，百事可乐的收效不是很大。

1985年是可口可乐公司成立100周年的日子，这时可口可乐公司突然宣布要采用一种全新的配方，这种配方是可口可乐公司花费了数百万美元研制的。可是消费者并不买这个账，他们纷纷抗议改变配方，可口可乐的形象大受打击。

可口可乐的这一举动令一直无从下手的百事可乐欣喜若狂。百事可乐立即花费了数百万美元制作了一个电视广告，并在各大电视台集中播放。一个漂亮的女孩儿对着镜头说："有谁能告诉我可口可乐为什么要这么做吗？他们为什么要改变配方？"镜头切换，姑娘继续说："因为它们变了，我要开始喝百事可乐了。"这一广告在电视台黄金时段反复播放的结果令百事可乐的形象开始鲜明起来。

接下来，两家可乐公司在市场上你争我夺，你追我赶。1987年，可口可乐公司花费250万美元请国际名导拍摄场面宏大的广告；百事可乐当然不甘示弱，花费500万美元请出当红人气歌星迈克尔·杰克逊为产品代言人。

尽管百事可乐不甘人后地频频向可口可乐发动进攻，但依然无法撼动可口可乐的老大位置，因为毕竟可口可乐已经存在了近120年。好在百事可乐是个喜欢挑战、不断创新的企业，他们看到软饮料的市场发展已成定局，就开始着手改变战略，向多元化方向发展，将鸡蛋分放在不同的篮子里。在快餐业，百事可乐又不断地让世人耳目一新。

百事可乐公司以大气的手笔兼并了三家快餐公司——比萨饼屋、肯德基炸鸡店、特柯贝尔快餐店。三家店都设在每个主要城市的闹市区，并且每家店都以其优质、低价的食品和高效、多样的服务赢得了顾客的青睐，销售额不断攀升，令许多老牌快餐店望尘莫及，即使是麦当劳也受到了莫大的威胁。麦当劳的年利润率为8%，而百事可乐快餐公司却高达20%。但是百事可乐并不因此而满足，不久，百事又开创了餐馆业的新潮流——送货上门。这一举措不仅为公司增加了收入，而且还赢得了市场口碑。如今百事可乐公司拥有15万个销售网点，保证及时、快捷地把百事可乐的馅饼、炸鸡送到千家万户……

在软饮料市场上，百事虽然没有超过可口可乐，但百事却将与可口可乐的销量之比从1:12提高到1:2，对于一个成立只有几十年的公司来说已足以令人刮目相看了。

可口可乐是可乐行业老大，后起之秀百事可乐一直都在可口可乐的强大压力下生存。但正是因为可口可乐这个强大的"敌人"的存在，百事可乐才得到了迅猛发展。

当然，在压力下生存得有一个前提，那就是要变压力为动力，要随时保持积极乐观的竞争态度，如果一遇到强大敌人，就投降，就放弃生存，你当然就只有成为强者的盘中美食了。

"敌人"的存在就像一面镜子、一把标尺、一张暗藏铁钉的卧具，能使你看到差距，使你寝食难安，使你大彻大悟，使你奋然前行。如果你在竞争中能够敢于并善于学习"敌人"的长处，那就不仅仅是一种气度，更是一种睿智；如果你能在对手的打压下发现并及时改正自己的不足，那就不仅仅是一种幸运，更是一种绝妙的反击了。

有这么一个寓言故事：

　　在狼的世界里，等级观念非常强烈。在美国明尼苏达州的一片丛林里，就生活着一群等级森严的灰狼。这个狼群的王者是一匹叫作菲特的公狼。

　　菲特对狼族中的其他狼具有生杀大权，它智慧而且强壮，判断能力、狩猎能力、领导能力和决策能力都超过狼族中的其他成员，同时，它很有勇气。

　　在狼的社会里，头狼不容许狼族中其他狼窥探其王者地位和权威，其他狼接近头狼，不管是出于什么目的，都可能存在生命危险。在菲特的部落里，就发生过这样的流血事件。一只地位低于菲特的公狼偷窥它的王位，并试图和王后亲近，结果被菲特杀死了。但有一段时间，狼族中一只瘦弱的名为艾略的公狼却几次冒险前来和菲特套近乎。

　　艾略是整个部落中地位最低的公狼。作战时，它得冲在最前面，去冒最大的风险，分取战利品时，它却轮到最后，并且分得最少，甚至可能一点也分不到；在平日里，它也是其他狼的出气筒，它的存在，仿佛就是供其他狼消遣、展示权威，甚至练习武功的。

　　作为王者的菲特，自身就是等级的受益者和维护者，它当然不会为艾略这种低等级的狼伸张正义——在狼的社会，高等级的狼欺凌低等级的狼似乎并不违背正义的价值观。

　　看着艾略的举止，很多狼都为它捏了一把冷汗，同时，也有很多狼出于关心而劝阻它："艾略，你应该离菲特远一点，小心它要了你的小命！"艾略却没有理会这些善意的劝阻，它小心地接触菲特，并最终成了菲特的贴身护卫。

这一下，艾略的地位发生了变化，其他狼再也不敢欺负它，并且在分配食物上面，它再也不会吃亏了。这些变化，一方面给艾略带来了好心情，另一方面给它带来了好营养，使它越来越强壮。

狼群的王者并不是终身制，每过一段时间，便会有一只公狼出来挑战王者，如果它能够征服包括头狼在内的所有公狼，那么它就是新的王者。

有一天早上，这样的挑战又发生了。

谁也没有想到的是，挑战的主角，竟然就是曾经的出气筒艾略。艾略很轻松就打败了菲特，菲特只好夹着尾巴逃离了部落。其他几只公狼显然很不服气，它们以车轮战术，轮番上阵和艾略撕咬，但最后还是艾略取胜。

很久以后，当部落里有的狼问它当初为什么冒险去做菲特的贴身护卫时，艾略说："我当时虽然很弱小，但我心中却有统治部落的愿望，菲特是部落里最强大的成员，我要打败它，就必须先向它学习，而要向它学习，就必须接近它。"

"要打败他，就必须先向他学习"，这道理很简单，却又很深刻。一般说来，学习，不是难事。向书本学习，向他人学习，用理论武装头脑……已经成为不少人的良好习惯。但很多人还没有意识到，善于向"敌人"学习也是成功的重要条件。

在商业社会中，很多后起之秀，都是通过学习对手来实现打败对手的，比如耐克打败阿迪达斯。

1970 年前后，由于生活水平的不断提高，西方人对健康的重视程度也越来越高，适当的跑步或饭后散步成了一种休闲的方式。于是，跑鞋的需求量开始大增。

　　由于跑鞋穿着舒适，而且看起来年轻时尚，即使不跑步或散步，人们也舍不得脱掉它，跑鞋因此在那个年代流行起来。据 20 世纪 70 年代末的数据统计，仅在美国，当时就有 2500 万～3000 万人坚持散步，还有 1000 多万人在家里或上班时都穿着跑鞋。德国著名的制鞋商阿迪达斯公司的事业因此如日中天，在跑鞋制造业上遥遥领先了好多年。

　　成功让阿迪达斯有些飘飘然了，所有想挤进跑鞋行当的后来者都不被它放在眼里，包括耐克公司、布鲁克公司、新巴兰斯公司等。

　　耐克公司的创始人菲尔·耐克曾经是一位赛跑运动员，由于水平较差不得不退出这一行当另谋职业。菲尔·耐克看到了运动鞋的广阔前景，游说他的老师和他合伙成立了制鞋公司。耐克公司从最初的 1000 美元起家，开始也仅仅是别人的一个加工车间，它替日本的泰格尔跑鞋生产鞋底，同时，也进口该鞋子在美国销售。没有仓库，生产的成品就放在耐克岳父家的地窖里。他们的公司在成立的头一年就成功地销售了价值 8000 美元的进口鞋，算是初战告捷。

　　耐克为了赶上阿迪达斯，历经艰辛终于发明了自己的新式运动鞋，并为它取名"耐克"，真正的耐克公司出现了，这一年是 1972 年。也是这一年，耐克鞋首次在竞赛中亮相就让运动员取得了第四名的好成绩，但第一至第三名，依然由穿着阿迪达斯产品的运动员包揽，耐克决心向阿迪达斯学习。

超越的起点是学习。耐克第一步就是向阿迪达斯看齐，它要学习对手的看家本领——瞄准运动员，努力同那些前途无量的运动员建立长期而密切的关系；每设计出一款新的运动鞋都要耐心地征求他们的意见，然后免费送给他们试穿；在广告支出上，也学着阿迪达斯进行大规模的投入，最后连"飞人"乔丹也被耐克网罗其中并成为耐克运动鞋的形象代言人。耐克还看准奥运会这块金字招牌，它承诺并兑现：凡是在奥运会上穿着耐克鞋取得金牌者，耐克将提供奖金3万美元。

看到自己已是"学有所成"，耐克开始计划从效仿转型到超越。它在瞄准运动员的同时，把目光放得更远：服务于大众，开拓休闲运动鞋和服装市场。

这一次，耐克抢在了对手的前面。市场对耐克鞋的需求与日俱增。最令耐克欣慰的是，它的8000家百货商店、体育用品商店和鞋店经销人中的一半以上都要提前订货才能得到满足。耐克的销售增长势头迅猛，而其市场占有率也节节攀升！短短几年，耐克就跑在了对手的前面，并把对手甩出了老远。通过学习再超越，耐克公司开始了一路飞奔。

要超越"敌人"，就必须以"敌人"为师。 在学习过程中，你不仅可以学到超越对象的优点，更能看到超越对象的缺点，你具备了他的优点而回避了他的缺点，你不想超越都不可能了。 耐克就是学到了阿迪达斯的全部经营之道，同时又有很大创新，从而超越了曾经的霸主而使自己成为霸主。

第七章

你如何工作:格局提升效率

勤于动脑，带着思想来工作

带着思想工作，就是在工作中要有自己的想法，要勤于动脑。

在最具实力的世界 500 强企业当中，因为每家公司所从事的领域和特点不同，在招聘员工时侧重点也就不一样。

但是即使这样，各公司在对新员工进行考核时，有一点是不谋而合的，那就是都喜欢聘用肯用脑工作的员工。

一次，美国通用公司招聘业务经理，吸引了很多有学问、有能力的人前来应聘。在众多应聘者中，有三个人表现得极为突出，一个是博士 A，一个是硕士 B，另一个是刚走出大学校门的本科生 C。公司最后给这三个人出了这样一道题：

有一个商人出门送货，不巧正赶上下雨天，而且离目的地还有一大段山路要走，商人就去牲口棚挑了一头驴和一匹马上路。

路非常难走，驴不堪劳累，就央求马替它驮一些货物，可是马不愿意帮忙，最后驴终于因为体力不支而死。商人只得将驴背上的货物移到马身上，马就有些后悔。

又走了一段路程，马实在吃不消背上的重量了，就央求主人替它分担一些货物，此时的主人非常生气地说："如果你替驴分担一点，现在就不会这么累了，这都是你自找的，活该！"

没多久，马同驴一样也累死在路上，商人只好自己背着货物去买主家。

应聘者需要回答的问题是：商人在途中应该怎样才能让牲口把货物驮往目的地？

A说：把驴身上的货物减轻一些，让马来驮，这样就都不会累死。

B说：应该把驴身上的货物卸下一部分让马来背，再卸下一部分自己来背。

C说：下雨天路很滑，又是山路，所以根本就不应该用驴和马，应该选用能吃苦且有力气的骡子去驮货物。商人根本就没有想过这个问题，所以造成了重大的损失。

结果，C被通用公司聘为业务经理。

A和B虽然都有较高的学历，但是遇事不能认真思考，最后还是以失败告终。C虽然没有很高的学历，但是他遇到问题后不拘泥于原有的思维模式，善于运用自己的思想，所以他成功了。

C就是一个肯用思想工作的人。

简单地说，带着思想工作，实际上就是在工作中要有自己的想法，要勤于动脑，勇于打破常规。

用自己的思想工作的人才能提出革新性的问题，工作才能有所突破，业绩才会不断创新。

在市场经济中，企业之间的竞争尤为激烈。从经济发展的过程来看，企业竞争的重点不断发生转移，并且出现了三个不同的竞争阶段。

在第一阶段，企业的规模都比较小，它们重点进行的是物质领域的竞争，争原料、争设备、争市场。 因为这些东西与企业效益有直接联系，一旦竞争成功，效果会立竿见影地显现出来。

在第二阶段，企业看到了物是死的，而人是活的，企业有了人才能迅速发展，于是人才竞争成为企业竞争的重点，许多大公司用尽一切方法招揽人才。 比如美国通用公司为了得到一位优秀的电气工程师，在多次挖墙脚没有成功的情况下，不惜花费巨资，把那位工程师所在的公司整个买了过来。

在第三阶段，企业认识到人才分为两种，一种是技术型的，另一种是思想型的。 前者请来就能用，马上见效益，而后者尽管投资大、收效慢，却能够对企业的整体效益和长远发展产生无法估量的价值。 于是，思想型人才在市场上成为竞争热点，咨询、策划、顾问之类也成了时髦的行当，而"点子大王"一时也成为社会的热门话题。

公司的老板们直接在竞争的第一线搏杀，他们深谙"有'智'者事竟成"的道理，因此，他们对善于思考、具有超凡思想的人非常渴慕，因为他们中的许多人都是智者，他们能成就一般人无法成就的事业。

掌管着美国好乐公司 30 亿美元资产的副总裁艾丽莎·巴伦，20岁时曾当过一家糖果店的店员。 来店的顾客特别喜欢她，总是等着她给自己售货。 有人好奇地问艾丽莎："为什么顾客都喜欢找你，而不找别的人，是你给得特别多吗?"艾丽莎摇摇头说："我绝对没有多给他们，只是别的人称糖时，起初都拿得太多，然后再一点点地从磅秤上往下拿。 而我是先拿得不够，然后再一点点往上加，顾客自然就喜欢我了。"

思想决定成败，有思想、有头脑的员工是最有价值、最有发展前途的员工。 带着思想工作，带着智慧工作，带着想法工作，已经成为当今时代的必然要求。

打破定式，改变思路才有出路

思路决定出路，有什么样的思路就有什么样的出路。

今天，人们都已经熟悉了逆向思维这种方式，但到了实际工作中，人们还是习惯于常规思维。因此，工作中很多实际上可以解决的问题，也就被人们看成无法做到、难以解决的问题。

很多人很容易陷入一种工作思维定式里去，总是按着一种思路去解决工作中遇到的问题。一旦陷入这种工作思维定式里，工作就谈不上创新和改进。我们不妨自问：是你的管理者熟悉你的工作，还是你自己熟悉你的工作？每一个改革或改良，未必是什么大的动作，但这个小动作可能会有很大的收益。如果不是非常熟悉这些东西，怎么可能进行改进呢？每个人自己都最熟悉自己的日常工作，而不是领导者。所以说，在一个企业或单位里，改革的力量来自哪里？不是来自管理者，而是来自员工自己。因为你对自己的工作最熟悉、最有发言权。

"如果你讨厌一个人，那么，你就应该试着去爱他。"善于改变自己的思维，不按照常理去想问题，就会取得非同一般的成效。这就是说，换一种思维方式，就能够化解问题。只要肯动脑，垃圾也会成为黄金。

每个人最大的敌人是自己，是自己的思维，是自己的思维定式，这样导致很多发展机会的流失。其实，改变这种思维定式也不需要你做出多大的牺牲，只是从生活习惯和工作习惯的小事入手，一点点改变就可以。比如，很多上班族很容易把早上起床的时间固定在再不出门就迟到的时间点，结果发现总是没有时间吃早餐，上班也总是踩着点儿，还老是一副急匆匆的样子。 其实，只要早起十分钟，这些问题就很容易解决。

对每个员工来说，一点儿小小的改变都可能会给工作结果带来大的提升。 许多员工都以为创造都是大的举动。 事实上，四两拨千斤的事经常发生，每一个小小的改进，都可能会大大影响绩效。在现实工作中，也经常有这样的例子：在工艺上或在整个工作流程中，一个非常小的改变可能会对最终的结果产生非常大的影响。 所以不要忽略这些小小的改进。

有时候，人只要稍微改变一下思路，工作的效率就会大为改观。 每一个员工都要明白这样一个道理：一点点改变就意味着获得一次机会。 要善于从创新思维中给自己赢得机遇，从而创造出柳暗花明的奇迹。 相反，一个按着同一思路工作的员工，他的工作业绩也总是上下浮动不大的，因为总是重复使用相同的方法，其结果也就是可以预期的。 而且，事物是不断发展变化的，没有包治百病的灵丹妙药，也就不可能用一种方法、一种思路解决不同的问题。 一个墨守成规的员工显然无法适应现代社会的需求，即使勉力为之，也难以有所成就。 很多员工总是抱怨自己的薪水低，自己的职位低，自己的成就不如别人，那么与其抱怨，还不如找找问题的根源，试着改变一下努力的方向，事情就会有大的转机。 因此，当我们的努力迟迟得不到结果的时候，或者远离我们的预期时，就要学会改变，因为，哪怕只是一点点进步，都可能起到决定性的作用。

大胆想象，比别人多想一点点

想象力从某种意义上说就是创造力，是每个人自己的财富，是每个人在这个世界上唯一能够自己绝对控制的东西。

每个人都拥有想象的空间，只是有的人从来都不光顾这个尘封的世界，任由思维荒废，久而久之，想象力变得匮乏、僵直、枯涸了。 其实，当你走在大街上，当你在看一部电影、当你处在一个陌生的环境的时候，你的想象力随时会爆发，让你欲罢不能。 那么，为什么我们不能合理地去运用呢？去拓展想象力的空间呢？让想象空间拉大、扩充，或许财富就离你不远了。

一位年轻人乘火车去某地。火车行驶在一片荒无人烟的山野之中，人们一个个百无聊赖地望着窗外。前面一个拐弯处，火车减速，一座简陋的平房缓缓地进入年轻人的视野。也就在这时，几乎所有乘客都睁大眼睛欣赏起寂寞旅途中这道特别的风景，有的乘客开始窃窃议论起这座房子。年轻人的心为之一动，返回时，他中途下了车，不辞劳苦地找到了那座房子。主人告诉他，每天火车都要从门前隆隆驶过，噪声实在让他们受不了，房主早想以低价卖掉房屋，但多年来一直无人问津。不久，这位年轻人用 3 万元买下了那座平房，他觉得这座房子正好处在列车转弯处，火车一经过这里时都会减速，疲惫的乘客看到这座房子时，精神就会为之一振，那么这所房子用来做广告是再好不过的了。很快，他开始和一些大公司联系，推荐房屋正面是一面极好的"广告墙"。最终，可口可乐公司看中了这个广告媒体，在 3 年租期内，支付年轻人 18 万元租金。这就是突破常规、跳出惯有的思维习惯，想别人所不想，干别人所不干。

因此，每个人最需要的就是打开想象的大门，让想象的翅膀尽情飞翔。我们需要事业的成功，但是，激烈的竞争和压力让职场中人难堪重负，似乎忘记了如何去想象，更多的都只是按部就班地去工作。很难想象，这样的工作状态和想法能够带来梦想的成功。这个世界上，创新就是成功之门。每个人在日常生活中都会形成某种程度上的思维定式，以后再改变这种思维定式就不是件容易事了。看到牙签，就想到了是竹子做的，殊不知韩国人用土豆淀粉制作的牙签不仅可以用来剔牙，而且还是可以用来吃的。据报道，启发韩国人生产能吃的牙签，是因为当时有些养猪场的猪吃了酒店混进竹子牙签的残羹剩菜，常有伤猪现象，于是一些聪明人就改用土豆淀粉制作牙签了。多么有趣而有益的创意！

心都到不了的地方，脚就永远不会到。在别人看来许多所谓的奇迹，其实对于一些人来讲，是水到渠成的事情。比如，麦当劳的创始人雷·克洛克，在他之前，谁会想到能有麦当劳连锁餐厅在世界各地拔地而起？再比如陈天桥，仅靠着网络游戏就风生水起，令很多老江湖自愧不如。还有江南春，通过在楼宇里做广告，也一飞冲天。他们的成功都是想象力的成功。

做任何一件事，都会有很多种选择，哪一种才是最正面的？要发挥想象力，不断地超越自我。不少员工总认为自己是对的，比较偏执，牢骚满腹，夜郎自大，不知反省，他们固守着自己的想法，而不去寻找最好的路径。为了找到最佳解决方案，卡莉曾不惜打破惠普公司的先例，坐飞机到处去调查，会见客户，她说："你永远有更好的思路去寻找。"

　　罗特是美国一家制瓶厂的设计师。有一天，他的女友穿了一套膝盖上面部分较窄、腰部显得很有魅力的裙子来厂里看他，一路上，人们频频回头欣赏着这条裙子。

　　罗特也注意到这条裙子，他越看越觉得线条优美。他想，要是制成这条裙子形状的瓶子也许销路不错。想到这里，他马上转身跑回设计室，连声"再见"也没说。女友也感到奇怪，很不高兴地独自走了。

　　罗特回到设计室就在图纸上画了起来。后来，这种瓶子制造出来以后，不仅外形美观，而且里面的液体看起来比实际分量要多。

　　没过多久，美国可口可乐公司看中了这种瓶子，并且以600万美元的高价购买了这项专利权。

　　许多东西的发明都是得益于另一东西的启发，因此，要想有所成就，须培养由此到彼的想象能力。

　　无论是在工作还是生活中，每个人都要做个善于想象的人，这样你才会给自己的工作和生活带来更多的惊喜和可以预期的成就，让梦想和理想因为想象变得更加接近和真实。

开动脑筋，让新想法迸发出来

身在职场的人几乎都为这样的问题所困惑：我怎样才能更快地脱颖而出？实际上，许多成功人士的经历告诉我们：用创新的思想想办法、主动帮单位解决问题的人最容易脱颖而出，最容易得到人们的认可。

一个旅馆的经理，对旅馆的一些物品经常被住宿的客人顺手牵羊感到头痛，却一直拿不出很有效的对策来。他嘱咐下属在客人到柜台结账时，要迅速派人去房内查看是否有什么东西不见了。结果客人都在柜台等待，直到房务部人员查清楚了之后才能结账，不但结账太慢，而且面子挂不住，有的客人下一次再也不住这个旅馆了。

旅馆经理觉得这不是办法，于是召集各部门主管，让大家想想有什么更好的法子能制止客人顺手牵羊。几个主管围坐在一起苦思冥想。一位年轻主管忽然说："既然客人喜欢，为什么不让他们带走呢？"旅馆经理一听瞪大了眼睛，这是什么馊主意？

年轻主管挥挥手表示还有下文。他接着说："既然客人喜欢，我们就在每件东西上标价，说不定还可以有额外收入呢！"

大家眼睛都亮了起来，兴奋地接计划进行。

有些客人顺手牵羊，并非蓄意偷窃，而是因为很喜欢房内的物品，下意识觉得既然花了这么贵的住宿费，为什么不能拿回家做纪念品，而且又没明文规定哪些不能拿，于是，就故意装糊涂拿走一些小东西。

这家旅馆给每样东西都标了价，说明客人如果喜欢，可以向柜台登记购买。在这家旅馆内，忽然多出了好多东西，像墙上的画、手工艺品、当地特色的小摆饰、漂亮的桌布，甚至柔软的枕头、床罩、椅子等用品都有标价。如此一来，旅馆里里外外都布置得美轮美奂，给客人们的印象好极了。这家旅馆的生意越来越好！

这位年轻的主管就是能够主动寻找创新方法的员工，这样的员工，是企业求之不得的。创新能够使你在竞争中脱颖而出，哪怕起初你处于不利的地位。创新能够为你的发展提速，也许你的经历不是最多的，经验不是最丰富的，技术不是最熟练的，但是你的创新能力是价值非凡的，它所创造的价值将使你本身存在的弱势不再成为你前进的障碍。创新会为你的工作业绩增值，使你成为最受企业欢迎和重用的人。

时尚的代言人、法国著名化妆品公司——香奈尔公司，它的发展壮大就是得益于一名员工在关键时刻的一次关键性的创意。

最初的香奈尔公司没什么名气，产品滞销，公司陷入困境。这时，销售部的一位员工突发奇想，并把想法向香奈尔汇报，立即得到了香奈尔的赞同。

没过几天，在巴黎《日日新闻》上，人们看到了这样一则广告：香奈尔化妆品公司精选的 10 名丑女，将在星期六晚上在巴黎大舞台与诸君见面。

广告刊出后，一时间被传为奇闻，当周六夜晚来临时，到场参观的人非常多。

帷幕拉开，丑女们鱼贯而出。果然都是长得奇丑无比，观众顿时嘘声一片，大家无不惊叹："竟然会有这么丑的女人！"

这时，只见香奈尔女士笑容可掬、神态自如地走上台，她对大家说："为了展示本公司化妆品的功效，请诸位朋友稍等片刻，让丑女们化妆，以谢诸君。"

过了一会儿，随着音乐再起，丑女们一个个涂脂抹粉，在霓虹灯下果然是另一番模样。

观众无不叹服，自此，香奈尔公司生产的化妆品成了市场上得天独厚的宠儿。

真正有价值且令人豁然开朗的创意像金子一样光彩夺目，同时，它也总是藏在不会被人轻易发现的地方。只要你能捕捉到这些亮点，你同你的公司将会以飞快的速度向前发展。

美国著名管理大师杰弗里说："创新是做大公司的唯一之路。"没有创新，公司管理者肯定会毫无作战能力，也根本不会有继续做大的可能。同样的道理，创新也是一个员工纵横职场之本。在职场上，是否具有创新精神和创新能力，往往就是成功者与平庸者的分水岭。一个能不断创新的员工，永远都是纵横职场的骄子。

日本的东芝电气公司 1952 年前后曾一度积压了大量的电

扇卖不出去，7万名员工为了打开销路，费尽心机地想办法，依然进展不大。

有一天，一位底层员工向当时的董事长石坂提出了改变电扇颜色的建议。在当时，全世界的电扇都是黑色的，东芝公司生产的电扇自然也不例外。这位员工建议把黑色改为浅色。这一建议立即引起了石坂董事长的重视。

经过研究，公司采纳了这个建议。第二年夏天，东芝公司推出了一批浅蓝色电扇，大受顾客欢迎，市场上甚至还掀起了一阵抢购热潮，几十万台电扇在几个月之内一销而空。从此，在日本以及全世界，电扇就不再都是一副黑色面孔了。

走在别人走过的路上，走得再远，也到达不了崭新的境地。东芝集团的这位员工之所以能一鸣惊人，就是因为他打破了电扇自问世以来就以黑色示人的这一传统，从而用自己的智慧为公司带来了利润。在职场中，老板喜欢的就是这些能够提出新思想、在工作中不断创新的员工，因为这不仅能够解决工作中的实际问题，使个人的工作"增值"，而且还十分有利于激活竞争活力，为企业的总目标做出贡献。

在职场的竞争法则中，你越有创新能力，你就越有核心竞争力。你的观点和想法就越多，你的能力就越强，成功的可能性也就越大。

把知识转化成能力

　　我们不缺乏理论的高手，我们也常见到高分低能的奇怪现象，这些都让我们认识到这样一个事实：再好的理论知识如果不能真正在实践中证明它的作用，也是无用的。当然，学习理论知识是必不可少的，需要做出改变的就是把自己的理论知识及时地运用到实际工作中，检验理论的有效性，并能够及时地为工作做出有益的帮助。这就是我们常说的实践能力。

　　实践能力是人们改造自然和改造社会有意识的活动的能力，任何成就都必须通过认真地实践才能获得。数学家克雷·夫曾深刻地指出："在任何实际事业中，思想只占2%～5%，其余95%～98%是行动。"可见，实践对成功起着决定性的作用。

　　将学习成果转化成工作能力是首要的。学习的目的是为了"致用"。知识能不能在实际生活中发挥作用，是不是纸上谈兵，这体现了一个人的实践能力的高低。知识转化成能力时，才能真正彰显知识的力量或价值。

　　那些劳动模范、技能人才、蓝领精英，正是通过不断将学习成果转化为工作能力，才取得突出的成绩，成为优秀员工的代表，成为我们学习的榜样。金牌工人许振超就是典型代表。

　　有一天，青岛港务局高主管说，桥吊的张紧液压装置出问题了，修了一下午都不行。吊车司机许振超在问清情况后开始查，这儿摸摸那儿看看。过了十几分钟，他在张紧液压装置跟前站住了，在反复摸了摸里面的两个溢流阀和前后两根油管后，他招呼道："高主管，你来试试。"

高主管摸了摸说："好像一个温度高一点。"许振超说："就是右边这个阀，换掉它试试。"十几分钟后，换上新溢流阀的机器一切恢复正常。工人们称赞道："神了！"

事后追问，许振超说："没什么神的，以前我从事的工作常遇到过类似的毛病，连技术员都没办法，我不死心，买了本《液压技术》，边学边修，到底给捣鼓好了。"

可见，是否具有把学到的理论知识用于指导自己工作的实践能力，也是衡量员工能力的重要标志之一。

古人说"尽信书不如无书"，不光只信书本，还要有创新精神。我们从几岁一直到成年时代的大部分时间里，都在不断地学习。而很多人认为，一个人的书本知识增多了，特别是上了大学，成了硕士、博士，那么他的能力，其中也包括创新能力，自然就会相应同步提高，逐渐变强。

其实，实际情况并不完全如此。且不说书本知识本身并非是真理，并非全都可靠，即使所学习的都是反映客观事实和客观规律的科学知识，也还得看学习的人是否能正确、有效地加以注解和应用。知识是潜在的力量，要能够正确、有效地应用它才能成为现实的力量。我们在学习和应用的同时，应该勇敢地向书本挑战，否则我们将会在不知不觉中成为书本的奴隶，抑制了自己的创新能力。

20世纪50年代初，美国某军事科研部门在研制一种高频放大管的时候，科技人员都被高频率放大能不能使用玻璃管的问题难住了，因此，研制工作迟迟没有进展。后来，决定由发明家贝利负责的研制小组承担这一任务，但是，上级主管部门在给贝利小组布置这一任务的同时，鉴于以往的研制情况，还下达了一个很奇怪的指示：不许查阅有关书籍。经过贝利小组的顽强努力，终于制成了一种高达100个计算单位的高频放大管。

在完成了任务以后，研制小组的科技人员都不明白为什么上级不准他们查书籍？查阅了有关书籍后，他们全都大吃一惊，原来书上明明白白地写着：如果采用玻璃管，高频放大的板频率是25个计算单位。书中也有错误，"25"与"100"两者的差距有多大！

后来，贝利对此发表感想说："如果我们当时查了书，一定会对研制这样的高频放大管产生怀疑，就会没有信心去研制了。"

书中的知识也是前人总结出来的，而前人那些充满智慧的成果，仅仅是伟大的里程碑，而非终点的标志。我们从书中学到方法之后，就应该将这些方法放到实践中去检验，这样才能有所创新。不能认为谁读的书多，知识丰富，谁的力量就大，创新能力就一定强。

举个非常简单的例子。比如现在解一道几何题，哪怕你可以将有关的几何定理全都背得滚瓜烂熟，但如果不会应用，你还是解不了这道题，只好望"题"兴叹了。这表明，你虽然已经掌握了解这道题的知识，但还并不具有解这道题的能力。还有鲁迅笔下的孔乙己，知识可算相当不错了，单是茴豆的"茴"字，他就知道有四种不同的写法，可他连最起码的谋生能力都没有。

当然，如果运用知识进行技术创新，那自然是最好的结局。我们应当善于把学来的知识应用到实际生活中去，在现实中，我们常常发现，有很多知识相当丰富，但实践能力都很弱的"书呆子"，其中甚至包括一些科技人员在内。虽然他们都很勤奋，有丰富的专业理论知识，却在技术创新方面成绩平平。相反，也有一些缺乏丰富的理论知识，但颇有创新智慧所谓"机灵鬼"，反而能做出相当突出的成绩来，因为他们善于把自己所学到的东西真正地用到实处。

再美好的设想，如果不在实践中验证，那也只是一纸空文。有这样一个小故事：

有一天傍晚，俄国著名作家车尔尼雪夫斯基漫步在彼得堡的一条林荫道上，这时，走过来一位衣冠楚楚的年轻人，从他的衣着打扮和游手好闲的模样，一眼就能看出这是一位无所事事的花花公子。这位青年愁眉苦脸地对作家说："车尔尼雪夫斯基先生，听说您非常富于灵感，而我为什么总是得不到灵感呢？"

车尔尼雪夫斯基看了看他，回答说："因为灵感是一个不喜欢拜访懒汉的客人。"

其实车尔尼雪夫斯基的回答说明，灵感并不是心血来潮，要想开启灵感的闸门，离不开艰苦劳动和不断实践。积极的劳动和深入的实践实际上是为激发大脑的灵感创造条件。贪图安乐、不愿意参加劳动实践，是灵感的大敌。

谁想开启创新的大门，谁就必须投身于实践中！

积极思考，为企业出谋划策

任何人都不是万能的，都有自己的弱项和局限性，单凭一个人的力量不可能把企业带上高峰。所有成功的企业老板都喜欢其他的人能多给自己一些有益的建议，以弥补自身的不足，促进企业的发展。这就是为什么老板们都喜欢用思想工作的员工的原因。

廖基程在工厂劳动时经常看到，由于大部分零件的精密度都非常高，为了防止零件生锈，工人们必须戴手套进行操作，而且手套必须套得很紧，手指头才能灵活自如。这样一来，戴上脱下相当麻烦不说，手套还很容易弄坏。

为此，他常想，难道只能戴这样的手套吗？能不能改进一下？

有一天，他在帮妹妹制作纸的手工艺品时，手指上沾满了糨糊。糨糊快干的时候，变成了一层透明的薄膜，紧紧地裹在手指头上，他当时就想："真像个指头套，要是厂里的橡皮手套也这样方便就好了。"

过了不久，有一天清早醒来，他躺在床上，呆呆地望着天花板，头脑里突然想到：可以设法制成糨糊一样的液体，手往这种液体里一放，一双又柔又软的手套便戴好了。不需要时，手往另一种液体里一浸，手套便消失了，这不比橡皮手套方便多了吗？

他将自己的这一大胆想法向公司做了汇报，公司领导非常重视，马上成立了一个研究小组，把廖基程也从生产车间调到了这个组里。经过大家反复研究，终于发明了一种"液体手套"。

使用这种手套时只需将手浸入一种化学药液中，手就会立刻被一层透明的薄膜罩住，像真的戴上了一双手套，而且非常柔软舒适，还有弹性。不需要时，把手放进水里一泡，手套便"冰消瓦解"了。

美国鞋业大王罗宾维勒说："一个好的建议，能给企业带来巨大的效益，同时也能给自己带来更多的发展机会。"的确，没有什么比为公司着想的建议更令老板欣赏的了。那些为了不爱动脑而保持沉默的员工，是最令老板感到不满的人；凡事都点头称是，一切都处理得不好不坏的人，在老板的心目中，最多是个"应声虫"。因此，适当地提出一些大胆的建议，可以让你在老板心目中的地位水涨船高。例如，你可以提出如何开源的办法，或者指出怎样节流对企业更有益处。

如果你的老板处理某件事的方法不太好，而他本人并未觉察或不知如何改进的时候，此时你若有好的主意，就应该果断地提出来，但要采取让老板能够接受的方式。

提出合理化的建议，比这更加出色的一点，就是让你的思维走在老板的前面。很多时候，你的效率也就是老板的效率。

当然，这是建立在你对老板已有足够了解的基础上，根据公司的实际情况做出的预计。为了做到这一点，你应尽量了解公司业务运作的经济原理，为什么公司业务会这样运作？公司的业务模式是什么？如何才能赢利？同时，你还应该关注整个市场动态，分析总结竞争对手的错误症结，不要让思维固守在以前的地方。

好的建议不是闭门造车造出来的，但只要处处留心，细心研究，就会有不断创新的灵感，这自然也是积累好建议的一种手段。每天行色匆匆，没有留意一下身边的人和事，那就有可能一生都这样匆匆忙忙、疲于奔波。当然并不是叫你事事留意，而是有意识地注意一下与你行业有关的信息，也许在不经意间你就会有意想不到的收获。

　　狮子公司是一家大型日化公司，到 1993 年，它的销售额达到了 28.9 亿美元，利润 4000 多万美元，拥有资产 25.5 亿美元，员工达 5000 人，排名全球最大五百强企业的第483 位。

　　有一天，公司总裁召开会议，商讨牙膏销售问题。

　　那一段时间，公司的牙膏销售一直下降，大家都为这事烦恼，却一直找不到一个很好的解决办法。

　　在会议中，一个年轻人站了起来，手里举着一张纸，对总裁说：

　　"我手里这张纸上写有一条建议，如果你采纳我的建议，我们产品的销量很快会大增，不过我要求付给我奖金。"

　　年轻人开出的价钱非常高，立即遭到同事的指责，连总裁也有些生气，因为年轻人作为公司员工，是领取了薪水和奖金的。

　　"总裁，你别误会，如果我的建议行不通，你不必支付一分钱。"年轻人说。

　　看着年轻人自信的样子，总裁接过纸条，阅毕，他马上按年轻人要求的数额开出了一张支票。在场的各级管理人员个个感到不可理解。

第二年，依靠年轻人的那张纸条，公司的销售总额一下子提升了32%。

你肯定很好奇那张纸条上到底写了什么吧？其实也没几个字：将牙膏口径扩大1毫米。

想想看，人们每天都会按习惯挤出一截长度差不多的牙膏，要怎么才能让牙膏用得快一些呢？就只能在口子宽度上打主意了。

这就是员工智慧的力量，请不要小看员工的智慧，有些时候，一个员工的建议居然能使一个已经停产的企业起死回生。

1939年，龙金尼·杜尔奈收购了长岛郊区一家只有五六人的小得可怜的电线号牌制造厂，起名为"北岸名牌公司"。接办工厂初期，杜尔奈几乎寸步不离厂房，因为四部机器中只要有一部停车，生意就要亏本。这时的他深深感到了生意难做：成本高，同行竞争激烈，特别是由于大厂都采取自动化生产，小厂根本无法与之竞争。半年以来，工厂虽没亏本，但加上购买工厂时借款的利息，账面上已出现赤字。

严峻的问题摆在面前：换自动设备换不起，卖掉工厂又没有人要，拖下去又会越陷越深，而且一位在厂里起决定作用的技术人员又在此时提出辞职，杜尔奈简直绝望了。

最后，他向全厂宣布：从今天起，我们停工了，但希望各位今天都不要离开工厂，工资照发，请大家把智慧献出来，看看这个工厂还有没有救。说罢，他给职工送上纸和笔。

杜尔奈很快拆阅员工们留给他的十几封信，当他拿起最后一封信时，已陶醉在一片安慰之中。

这最后一封信是刚来不久的一位小学徒写的，信中有这样几句话："任何问题，绝不止一种解决方法，问题在于哪一种对自己有利，自己又能办到。"又说，"更新设备这条路是绝对走不通的，可是你是否想到了其他解决方法？例如，用的材料如果变更，是不是可以达到成本降低的目的，我只是根据'现有的，不一定是好的！'这句名言提出我的看法。"

"变更材料！"杜尔奈握着信，激动地站了起来。这是唯一可试行的办法。当时电线号牌都是铝制的，价格比较昂贵，如果能找到一种便宜的材料，能防水防火就行。于是杜尔奈四处寻找这样的材料。最初选中一种特制油纸，具有防火性能，价格也很便宜，只是硬度不够，他便买来进行加工研究。经过试验，硬度够了，防火性能也不错，就是易变形。他又重新加工，不想脆度太大又容易折断，最后他舍弃油纸，改用一种韧性强的白纸，刷上一层透明胶，终于使价格比铝制号牌便宜 2/3 的纸制号牌问世了。

杜尔奈把他的新产品拿去申请专利，获得了 5 年专利权。在 5 年专利期满前，杜尔奈的工厂扩大两倍，而且全部采用了自动化设备，财产达到 1 亿美元以上。

有些企业在陷入困境时，管理者就要求员工集资解困，而聪明的管理者却召集员工献计献策，走"集智"路。集资再多，如果不好好利用，终有用尽之时，而智慧，却永无枯竭之虑。

第八章

你如何快速致富：格局创造商机

赚钱要会审时度势

赚钱最重要的是审时度势，诚如李嘉诚所说："必须紧跟时代、超越时代，有创业家的精神。要有创造性，勇于挑战"。企业通过对各种竞争对手之间和与本企业的竞争优势劣势的分析比较后，能够使自己时刻保持清醒头脑，驾驭市场发展局势，及时做出相应对策，避免被竞争者排挤出市场。

李嘉诚最初萌发独立创业的念头，就是建立在对时势的准确把握的基础上的。

20 世纪中期，大批难民从各个方向涌向被视为避风地的中国香港，使香港的人口激增，10 年内，人口从五六十万人一下子到了近 200 万人。涌来的大批内地人，给香港带来了大量的资金、技术、劳力，也使香港本地市场的容量扩大了许多。

此外，由于国外资本家在大陆的利益遭到了毁灭性的打击，设在上海、天津、广州等大城市的外国洋行及工厂，也都纷纷把企业迁移到香港。

大量的人口和资金，在一定程度上填补了 20 世纪 30 年代初世界经济危机以及日本占领时期给香港带来的巨大创伤。香港获得了资金的启动力和人才的辅助力，加上大量的廉价劳动力，使香港经济获得了喘息的机会以及重振的基础。此时整个世界经济也开始走出二战的阴影，经济逐渐恢复，人们追求和平与发展的呼声渐高，给香港提供了良好的国际环境。这一切都显示着香港经济起飞的迹象。

不过，这时的香港却谣言四起，认为中国政府会趁胜利之威，一鼓作气收复香港，弄得民众人心惶惶。

李嘉诚却坚定地看好香港的经济前景。在众说纷纭中，他却保持着难得的清醒，他十分相信自己的判断：创立自己的事业，现在是最好的时机，不抓住这个千载难逢的机遇，则悔之晚矣。

李嘉诚正是在这种大背景下，毅然从原先的公司辞职，独立创业的。他首先选择塑胶业作为自己的发展方向，是基于以下两种考虑：

首先，他在此前打工的塑胶公司积累了丰富的经营管理塑胶厂的经验，这些宝贵的知识完全可以作为他创业的本钱。

李嘉诚后来在回忆塑胶公司的经历时，感慨地说："这段生活，是我人生的最好锻炼，尤其是做推销员，使我学会了不少东西，明白了不少事理。所有这些，是我今天用 10 亿港元也买不来的。"

其次，塑胶业在当时世界范围内尚属新兴产业，发展前景十分广阔，是一个很有潜力的行业。塑胶制品成本低，加工容易，投资少、见效快，适宜初创业者经营。而塑胶原料大多从欧美日进口，产品既可在本地市场消化，又可打回海外市场，销售渠道比较广。

李嘉诚能看到这个商机，做出如此明智的选择，这与他在工作之余，时刻不忘关注时局的变化趋势是分不开的。他对各种行业前景在新形势下面临的机会和挑战，都有一定的了解，并爱思考，善分析，心中有一套自己的看法。因此，他才能在关键时刻做出正确的判断。

与李嘉诚一样，新加坡丰隆集团主席郭芳枫也是一位审时度势的高手。郭芳枫是世界著名的银行家，他的生意遍布全球五大洲。1983年，美国最有影响的金融杂志《投资者》上，郭芳枫被列为世界上最富有的银行家的第二名。郭芳枫是怎样走向成功的呢？

1945年，第二次世界大战刚结束，郭芳枫预见到大战之后马上就会有一个医治战争创伤、重建家园高潮的到来，建设物资肯定会出现短缺。根据这种估计，他立即投入资金，收购战争剩余物资，如五金、建材等。后来发生的情况果然如他所料，五金、建材供不应求，价格持续上涨。战争剩余物资的交易，给郭芳枫带来了巨大的财富。1948年，丰隆公司成为新加坡著名的、实力雄厚的商业本机构。

郭芳枫并没有陶醉在经营战争剩余物资的成功之中，又开始谋划下一步棋了。郭芳枫预计随着经济的恢复，建工厂和住宅需占用大量地皮，地价将会上涨，于是他把注意力逐步转移到房地产上来。他把看好的地皮一块块买进来，准备再高价卖出去。收购来的地皮大多是地理位置好的地块，这些地皮的价格一年年上升。到了20世纪70年代，地皮的身价已经翻了几番。

后来，郭芳枫又及时把单纯的地皮买卖转变为房地产买卖，并为此专门建立了丰隆实业有限公司。对早期收买的地皮，进行全面、有效地经营投资，陆续把它们建设成现代化的居住区和商业办公大楼，坐落在地理位置优越的罗敏中路的丰隆大厦就是其中的一座。房地产投资也给郭芳枫带来了巨大的利润。

最能说明郭芳枫能够审时度势、善于把握时机的例子还有，1957年，郭芳枫看准了随着建筑热潮的到来，必然会带来对水泥需求的膨胀。于是，他联合三井和黑龙两家公司共同创立新加坡水泥工业，1961年正式投入生产。当该厂的水泥投入市场时，正值新加坡房地产业发展最旺盛的阶段，产品供不应求。

如今，丰隆公司集团有几十家不同的企业分布在新加坡、马来西亚、中国香港和英国，经营的范围有制造、贸易、经销、酒店、房地产、造船、保险、金融等行业。

由此可见，一位商人的分析、判断能力的高低，直接决定他的能力素质的强弱。 二战中，丘吉尔以其不凡的分析、判断能力，力主对德作战，其功绩永载史册。 试想，如果李嘉诚和郭芳枫在面对瞬息万变的信息、捉摸不定的局势时脑海中一团乱麻，那他们就成功不了。 所以从这个角度说，商人在分析、判断能力上应该对自己有更高的要求。

处处先人一步

　　一个正确的、科学的决策并不是所谓"眉头一皱"，就能"计上心来"，而是建立在正确整理、分析客观事实的基础上，进行科学的、合乎事物发展规律的预测才能做出来的。因此，预测是企业家决策中必不可少的重要一步，是制定企业战略的前提。

　　西武集团在发展过程中曾经从许多行业中淡出，避免了公司重大的损失（注：日本西武集团，是一家历史悠久，财力雄厚的企业集团，与新日本钢铁公司、三菱重工业集团并列为日本三个最大的企业集团。堤义明是西武集团的老板，在日本人当中，他的名字几乎无人不晓，但在日本以外，则很少有人知道）。

　　1966年，西武集团退出地产界，是堤义明接管公司后的一项大举措。

　　当时日本正处于工业上升时期，又值1964年东京奥运会开过，几乎所有的人都肯定地认为进行土地投资一定能赚大钱，甚至可以一本万利。但堤义明却做出退出地产界的决定，当时许多人开始怀疑他的能力，更有一些人中伤他是个毫无头脑的傻瓜。公司还专门召开了一次会议，讨论是否投资地产业，堤义明在会议上面对经验比他丰富、年龄比他大的高层主管这样说："现在土地投资的好时机已经过去了，什么都要讲求平衡，现在大家一个劲地炒地皮，结果只能把正常的状态搞坏，我想，过不了多久就会出现失衡的大问题。"

他当机立断："我们公司必须得有一个明智的决定，如果全体一致同意，那事情就不妙了，全体一致的主张，往往都会有毛病。现在你们大家都不同意我的看法，可是我知道我是对的，你们全都没有看到地产业的风雨已经来临了。我决定了，大家就照我的话去做就行了。"

当时，也有人说，堤义明其实是拥有了太多的土地，满足了，所以不想再做土地买卖。不错，西武集团的土地当之无愧是日本第一，可是在地皮行情最好的时候放弃地皮投资，却并不是因为他已经握有大量的土地，而是因为他搜集到了足够的情报。分析表明，地产业的好景只能够维持几年，土地供过于求，只有及时收手，才不会在大灾难到来的时候一败涂地。

尽管接任公司老板位置还不到一年的堤义明的决策在公司内外造成严重的不满情绪和各种各样的猜疑，但不久的事实就证明，堤义明的看法和决策是完全正确的。在那以后相当长的一段时间里，由于供过于求，土地价格猛跌，很多地产商陷入困境，有的甚至倾家荡产。

堤义明适时退出地产投机生意，不仅挽救了西武集团，而且无形中帮助政府及早考虑修订土地管制法。为此，当时的著名政治家、日本首相池田勇人曾经赞扬堤义明，说他是个有远见又有责任感的企业家。

堤义明沉默寡言，勤于思考，给人留下鲜明的印象。在企业经营方面，大家都尊重他能在必要的时候做出最有力的决定。堤义明认为：企业家如果不能对事情的发展有很好的预测能力，就不能做出正确的判断，应该通过现实的各种动向与信息，细心观察未来趋势。

不久后的另一件事更印证了堤义明的观点的正确性。当时，玩保龄球成为风行日本的运动。面对如此强劲的风潮，日本的许多大型企业纷纷拿出巨款，收购昂贵的土地，建造大型的郊区保龄球场。企业界人士普遍认为，日本1亿多人口，有超过3000万人喜爱打保龄球，有这么大的消费群体，多开几个保龄球馆，一定是有赚无赔的安全投资。

西武集团一向经营娱乐业，又占有土地的优势；当时的保龄球生意很好，利润相当可观。西武集团的高层主管都建议堤义明进一步扩大保龄球场的规模，增加在这方面的投资，以获得更大的利润，然而堤义明再一次宣布："我决定收回投资，不再做保龄球生意。"公司内外又是一片反对之声，普遍认为堤义明做事太武断，可能要坐失良机，但堤义明丝毫不为所动。他深知，自己作为西武集团的老板，必须十二分地负责，这也是对数以万计的员工负责。他这样说："公司必须做出明智决定，如果全体意见一致相同，恰恰会出问题。因为全体一致的主张，有时不一定是每个人都深思熟虑做出的，现在大家都不同意我的看法，但我知道我是对的，因为所有信息都表明，这个行业已经山雨欲来，危险至极。"

高层人员仍有人议论、争辩，但堤义明仍坚持他的看法。大家只好分头行动，结束数以百计的保龄球馆生意，并将这些场地改做其他投资用途。

果然又不出堤义明所料，保龄球只是一时的热潮。不久以后，玩保龄球的人数急剧减少。绝大多数保龄球顾客又去追求新的时髦运动，像打网球、钓鱼、滑雪等等。一下子造成80%的保龄球馆生意不景气而倒闭。直到今天，人们在东京郊区仍能看到许多倒闭了的保龄球馆的断壁残垣，人们把它们戏称为"保龄球死尸"。

堤义明的正确判断又一次使西武集团避免了保龄球馆倒闭的灾难。

西武集团的老对手日本东极集团的总裁长志五岛升对此由衷地赞叹道："近20年来，大转换中的日本企业界的杰出英才要数堤义明了。我佩服堤义明的预测眼光，他一直都比别人先看到未来。有这么准确锐利的洞察力，使他成为非凡的企业家。"

眼光独到，随处都能赚钱

随处都能够赚钱是每个商人的梦想，也是每个商人价值的重要的体现。优秀的商人是善于发现的，他们的眼光灵活而多变，并且把随处赚钱作为一种顺其自然的规律。

机会给予每个人都是平等的，区别就在于你是否能有眼光去发现这一行业。赚钱是一个无时不在、无处不在的活动。没有时间和地域的限制，而你所需要的，仅仅是培养自己发现赚钱机会的眼光。

在20世纪70年代末期，李嘉诚预见到了旅游业将成为香港的热门行业，与此相关的宾馆行业将会飞速发展，一流的宾馆将会有很高的出租率。一旦坚定了自己的想法，李嘉诚以迅雷不及掩耳之势，收买了拥有美国资本的永高有限公司56%的股权，随后又收买了其他股东的股权。这家公司的主要产业是位于香港中区的有800个房间的希尔顿大酒店。

对于这个行为，李嘉诚解释说："我当时估计，全香港的酒店，在两三年内租金会直线上扬。香港希尔顿的资产，已经值得我买。这就是决定性的数据，让这家公司在我手里。"李嘉诚在接手饭店之后，果不其然，李嘉诚赶上了香港旅游业有史以来的黄金时代，李嘉诚大赚了一笔。

可以想象一下，随处都可以赚钱，在很多人眼中是一个天方夜谭的传说。事实上处处有商机，商人间的区别就在于是否具有这样发现商机的眼光。只要具备这种素质，即便是身无分文的人也能够成为一位千万富翁。

丹妮丝在没有创业之前是一名普通的银行职员。当时，她与其他职业女性一样，很喜欢穿一种刚刚流行起来的长筒丝袜。这种长筒丝袜配着裙子穿，又凉快又不失庄重，这使众多的职业女性在炎热的夏季彻底告别了古板、闷热的长筒裤子。

可是，丹妮丝不久就发现了穿这种长筒丝袜所带来的不方便，如果穿的时间稍长了一些，袜子的顶端就会缩回来。有时，丹妮丝正在为顾客服务，有时正在与客户谈判，那长筒袜竟然会不听话地缩回来。每当这时，丹妮丝就要不得不借故去卫生间。面对这种尴尬，丹妮丝想到，别的职业女性也一定遇到过，那么，如何才能解决这一问题呢？

有一天，丹妮丝正站在大厅里同一个很重要的客户谈话，又感到裙子里面的丝袜在下滑了，她实在被这个问题搞得心烦意乱，只好又借故上卫生间。这一次，丹妮丝随手解下了扎在头上的一根丝带，一撕为二，然后用发夹在自己丝袜的跟部分别穿了两个洞，用丝带将它吊在内裤上。结果，这种很简单的应急方法很管用，整整一天，她的丝袜再也没有掉下来。丹妮丝马上意识到了这将是难得的商机，只要在长筒袜的顶端加上一个吊带，便可以成为一项新的发明。于是，丹妮丝毅然辞了工作，开了一个袜店。一双袜子仅用5分钟便可改完，结果，深受其苦又舍不得丝袜的女士们纷纷涌来改制，丹妮丝收益相当不错。

有了资金积累以后，丹妮丝便自己开工厂生产专门的吊带丝袜，后来又在吊带袜的基础上研制出了更方便的裤袜。现在，丹妮丝已拥有了在美国和加拿大的十几家分店，固定资产达到500万美元。

随着吊带裙、露背装的盛行，越来越多的女性选择轻盈的雪纺蕾丝胸衣，不仅样式时尚，而且透气性好。可这种文胸也有缺陷，就是湿水后容易"走光"。

一次，女大学生徐露当空姐的姐姐从国外带回了一些花型乳贴，它没有吊带和搭扣，专贴在乳房上防止"走光"用的，在国外非常流行，如果要穿露背装或吊带裙，一定要有这个装备。

联想到上次一个女同学因为裙子不小心弄湿后胸部透明得依稀可见的尴尬场景，徐露就将姐姐带回的十几对乳贴拿到学校试着销售，结果被一抢而空。没有买到的同学甚至还纷纷要求订货。

徐露由此感觉到这里面大有生意可做，于是她通过姐姐联系到了国外的进货渠道，并找到学校旁边一家内衣店请求店面合租。因为乳贴属于一次性消费品，不干胶层使用几次后就失去了黏性，所以来此购买的回头客很多，徐露的生意十分红火。

一家五星级宾馆业务经理闻讯找到徐露，说要代销这种产品。因为这家宾馆的消费群多为女性白领，她们对这种花型乳贴非常感兴趣。业务经理开出的条件很优厚，给徐露10%的返点，如果销量加大，可增加到15%，徐露只管供货就行了，并且按月结付。

这又给徐露赚钱打开了思路。接下来，徐露把眼光瞄上了各大商场的内衣柜台，她马不停蹄地去找商场经理谈判。两个月后，多数商场的内衣柜台都摆上了徐露的乳贴产品。

在不耽误上课的情况下，徐露在短短9个月的时间里就赚了12万元。

很多人会说，我总也发现不了赚钱的热门。其实，在会赚钱的人眼里，永远没有"热门"和"冷门"之分，三百六十行，并非行行都是"热门"，但是在眼光毒辣的商人眼中，再"冷"的行业也能淘出"真金"。只要你练就一双善于发现商机的"火眼金睛"，遍地将都是黄金。

有些人做生意总是挑热门和焦点，觉得只有这样才能挖到黄金。这种选择在大多数人看来是正确的，毋庸置疑，热门和焦点能够引起大多数人的关注，本身就说明它具有一定的吸引力和无限商机。但是真正的有能力会赚钱的商人会在冷门里创造财富，挖到别人挖不到的金子，赚到别人无法赚到的钱。

有句俗话叫作"处处留心皆学问"，在商人眼中，"处处留心皆生意"。在我们的身边总会发现，一些人的小生意就是因为生意人随时留意而做得特别成功的。

在旅游季节，游人们游兴正浓却突然遭到大雨袭击，这时总会出现兜售廉价的雨衣雨伞者，生意很好，有时还供不应求。这是随时留意身边机会的好处。一场盛大的足球比赛将在某体育馆内进行，有人在 2 元钱批发来的汗衫上印上足球巨星的名字，比赛那天每一件卖 10 元，结果还被抢疯了，这也是随时留意身边机会的好处。

机遇对于每个人都是平等的，但能不能抓住就要依靠自己的眼光和行动了。 一个成功的商人，必须要培养出自己独特的眼光。这种眼光是不断历练后的结果，也是一个商人引以为傲的资本。

对于有的人来说，赚钱很难，怎么也发现不了商机。 对于有的人来说，赚钱很容易，自己身边到处都是商机。 人们经常强调眼光的作用，这是非常有道理的。 精明的商人，往往会从别人看不到的地方寻觅出赚钱的机会，这就是优秀商人的才华，也是他们安身立命的最大资本。

嗅觉灵敏，才能抓住新商机

精明的商人只有嗅觉敏锐才能将商机牢牢抓在手中，那种感觉迟钝、闭门自锁的公司老板常常会无所作为。

2002 年 1 月 1 日，欧元正式启用、流通。各媒体爆炒、特炒之际，许多人不以为然地说："欧元是欧洲人的事，离我们远着呢，炒那么热乎有什么用？"

然而，早有嗅觉敏锐的商人将欧元启用化为自己的商机，狠赚了一把令同行扼腕慨叹的"欧元钱"。

这是我国浙江一家民营企业。早在两年前，该企业捕捉到一条商业信息——十几个欧洲国家正在流通的货币的尺寸将小于统一后的欧元主币。这条看上去平淡无奇的消息，该企业却如获至宝，立即敏锐地意识到：欧洲市场原有的钱包必将被淘汰。

与此同时，他们还得知欧盟各国的皮件生产企业正在加班加点设计、生产适用于欧元的专用钱包。另外，欧洲的本地产钱包成本很高，生产的产品远远满足不了当地市场的需求。

于是，该企业立即抓紧时间，开发生产了四十多款 230 万只欧元专用钱夹，并在欧元正式启用前，迅速投放欧洲市场，一举成功。230 万只钱包转眼间就被抢购一空，而且大批的订单随着这次成功源源而来，该企业的生产任务不断增加，已经满满地排到年底。

国际市场细节性的信息变化对于企业来说都是很好的商情。同样条件下，谁先抓住商情谁就能得到先机。可往往很多时候，我们都会由于这样那样的原因而失去先机。失去先机并不可怕，先机过后还会有商机，只有举一反三，细心研究，才有可能不会一再失去这些宝贵的商机。

"欧元钱包"事件过后，许多企业猛醒。他们触类旁通，开发出一大批"趋时商机"。他们针对欧洲各国大力宣传欧元的市场行情，在商品花形设计上引入欧元图标，设计推出了各种款式的印有欧元图标的旅游礼品、礼品盒等，也受到欧洲市场的欢迎。这些生产企业能够抓住这些商机，可见他们对商情研究很充分，亡羊补牢，为时未晚。

许多商机隐藏在市场行情的变化当中，静静地等待我们去利用。精明的商人不会只把目光局限在行情的起伏上，他们会通过研究和考察挖掘出隐蔽的"角落商机"。"欧元钱包"事件也正是如此。

市场变幻莫测，产品时效性特别强，独树一帜的热销产品需要结合宏观市场变化，在无穷无尽的变化当中，有无数的"角落商机"等待着你去开发、去利用。

在 2003 年春天，一场没有硝烟的战争爆发了，一方是肆虐无忌的非典病毒，另一方则是胆战心惊的大众。一向有着敏锐商业嗅觉的马云，这时洞悉到了一个新的商机。"非典"肆虐，势必减少人们上街购物的次数和时间，这样一来人们只能待在家里，而家里与外界沟通的方式并不多，电话、电视、广播以及网络。那么，当时的特殊时期，人们极有可能会选择网络订购的方式。

早在 2000 年，就曾有人向马云建议做 C2C，然而马云那时认为，C2C 并不符合中国人的购物习惯，中国人更习惯在商店里购物，C2C 并不具备好的前景。在当时的中国市场，消费者确实更倾向于在实体店购物，因为大家认为这样购物更加安全、更加放心。然而，"非典"的到来，让马云改变了自己的想法。在"非典"这个特殊时期，做好淘宝网，真的不能不说是一个未雨绸缪的决定。

淘宝网推出后，其名字被赋予了新的含义：淘金的"淘"，宝贝的"宝"，人们可以在网上开店，将自己喜欢的宝贝放到网上供人"淘"，也可以在网上"淘"别人的宝贝。因而，今天才能够看到淘宝网上有着这样的词汇，"宝贝数量""您的宝贝"……

2005年初，淘宝的会员人数突破600万，商品量700万，一季度成交额10亿人民币；2005年10月，淘宝注册用户超过1000万，第三季度成交额超过23亿，淘宝1个季度的总成交额已经突破70亿，淘宝占据了市场80%的份额。

直到今天，这些数字还在疯狂地增长，足以证明淘宝网改变了全民的购物方式。"非典"给了人们接触电子商务的机会，而淘宝又在这个机会下让人们认识到了电子商务的好处，全面铺开了改变人们购物方式的路径。

嗅觉敏锐，善于抓住机遇，凭此"鲤鱼跃龙门"，从而获得商业战场上的立足之地，正是李嘉诚这些商业巨子今天得以扬名天下的重要原因。

充分掌握市场需求

对市场的掌握一定要透彻，不可一知半解，似懂非懂，更不可雾里看花，跟风赶浪。

在掌握市场需求时，公司经营者一定要防止被虚假需求所迷惑，造成不应有的损失。由于人为的影响，市场暂时出现对一些产品需求增长。但当人为影响过去后，需求量就会直线下跌。商家都要明白，市场需求是动态的，处于不断变化中，既是机遇更是挑战。要制定相应的经营对策，要深入调查研究，进行定量分析，绝对保持清醒头脑，不要随波逐流。

李嘉诚每转入一个新的行业，或是将资金分散投资于另外一些行业之时，都会努力研究这个行业有关的情况，完全了解这个市场的一切运作。

李嘉诚曾经说过：

"只有充分掌握市场状况，对这一行业未来至少是一到二年的发展前景有了预测，那么你面对每一件事情，就会简单得多、准确得多。"

所谓充分地了解市场，就是不断揣摩在这个市场内，运用什么策略会更容易占得先机，更容易使自己立于不败之地。如果没有充分的了解，找出在每一个市场重要的成功因素，投资风险便不期然地提高，一旦遇上危机，企业受到的打击，便可能很重。

李嘉诚亦说过：

"我每逢攻击一样东西时，总先会研究得清清楚楚才说。"

所谓攻击一样东西，包括了进入一个新市场，进入一个新行业。 这些新市场、新行业，都因为不了解而会产生风险。 要减低风险，唯一的方法就是揣摩在这个市场内成功之道。 李嘉诚的事业，日渐扩张，每一分钟，每一秒钟，都在扩张，因此需要经过深思熟虑，去将企业管理好，使企业在一个正常的轨道运行。 不断思考，不断学习，不断揣摩成功之道，才会得到成功。 这也是李嘉诚成功的一个要诀。

日本有一家名为太阳工业的株式会社，是专门生产帐篷等休闲活动用品的公司。该会社的创始人是社长能村龙太郎，凭着他创办太阳工业的经验，构思开发了一种新产品——用塑料制成的家庭泳池。鼓足气后有 4 平方米大小，可容半米深的水，在家庭里可以让小孩浴水游玩。这种以塑胶制成的家庭泳池，构造上可折可叠，极为轻便。能村龙太郎社长把产品定名为太阳泳池。

能村龙太郎发现市场上没有这类产品，便认定会大有发展前途。他觉得日本地狭人多，寸土寸金，有了太阳泳池后，普通大众都可以拥有富人的享受——在自己的家里拥有一个小型泳池。

能村龙太郎投入大量资金生产这种太阳泳池，产品大批量地上市。结果却事与愿违，销路一直打不开，产品积压如山，几乎血本无归，太阳工业毁于一旦。

其实太阳泳池是个很有创意的新产品，为什么逃脱不了失败的结局，原因就在于它不适应市场的需求。太阳泳池不切合当时日本人的生活条件和经济条件，造价和耗水成本过高，排水也极不方便，所以市场无需求。

新产品推出市场是要冒风险的，据美国一项研究指出：新产品的天折率竟高达80％。因此，作为一个企业，在开发新产品时，要特别谨慎，要"出必裕计，慎以行师"，才能在行销上奠定"桥头堡"并继而获得成功。否则，将陷于那失败的80％之中。

日本协和发酵会社的社长加藤在一次开发新产品的决策中遭到失败，原因就是轻率决策，调查不周，缺乏慎重。他事后回忆说：在一次经营决策中的失误，差一点使自己一辈子翻不了身。好在自己从中吸取了教训，在以后的经营决策中注重调查研究和科学分析，才逐步使自己反败为胜，赢得了今天的业绩。

那是多年前的事了。一天，日本啤酒界广为人知的怪杰朝日啤酒社长山本对加藤说，用地瓜制造啤酒是个新创举，你有没有兴趣？而且他介绍这个构想源自东京农业大学教授住江金元，他已研究了多年。这专利权属于一家叫东洋啤酒公司的企业，东洋啤酒公司曾打算把这个创意实行产业化，但不知什么原因而终告失败了。

山本进一步说，这项专利不见天日，实在可惜。他称自己曾想让朝日啤酒株式会社买入这项专利，然后投入生产，但遭到一些股东的反对，未形成统一决议，所以拖延下来。鉴此，他就向加藤推荐，并许诺如果加藤真的开发该项目，他的公司会尽力支持。

听了山本这位啤酒老行家的介绍，加藤觉得有道理，认为其构想很不错。第一，以地瓜做原料制造啤酒，成本低廉。第二，由于制造成本低，售价也当然低，为此竞争能力就强。

第三，售价低和竞争力强，必然销路好，那么效益也必定不错。

这三个推论，从理论上似乎站得住脚。加藤认为用地瓜制造啤酒，根据日本酒税的规定，因为没有麦芽含量而税收大减。至于味道问题，加藤觉得日本各家啤酒公司的产品，味道大同小异，而德国生产的啤酒，群雄割据，各种牌子啤酒的味道都有独特之处，它们都畅销无阻。难道日本市场不能出现一种以地瓜制造的具有独特味道的啤酒吗？

加藤经过上述的理论分析，再加上迷信老行家的看法，做出了决策，从东洋啤酒公司买下专利权，接着投入生产。为了推出地瓜啤酒，加藤第一件事是为产品命名，反复思考后决定叫作"拉比"。"拉比"是法语，是"生命之泉"的意思，加藤觉得很好，既有意思，又易记。第二件事，全力投入生产，第一年生产了 300 万瓶，第二年生产近 1000 万瓶。

经过两年的投资生产后，加藤发现问题严重了。第一，生产成本并不如设想得那么低廉，各方面成本加起来，每瓶成本为 75 日元，比预计的每瓶 50 日元高 25 日元。第二，由于成本不低，所以售价也没有多大竞争力。当时其他名牌啤酒每瓶售价仅 125 日元，如果地瓜啤酒每瓶售价 100 日元，那既没有竞争力，也没多少利润可图。第三，品名"拉比"并不如加藤原先所想象的那般好，当它在市场出现后，一些消费者指出"拉比"的语音很像英文的"某种寄生虫"，所以众多人对"拉比"避而远之。第四，尽管做了声势浩大的广告宣传和促销，但销量很小，据餐馆、酒吧、俱乐部反应，从来没有人主动提出要喝"拉比"啤酒。

加藤从筹划到生产经营地瓜啤酒，最后到损失惨重而停止生产经营，共经历3年多时间，最后加藤不得不宣告失败了。这一决策导致加藤损失设备投资5亿日元，促销宣传费损失7.8亿日元，再加上其他一些费用，共失去了13多亿日元，它使加藤20多年的奋斗积累损失殆尽。

加藤后来总结了自己决策失败的原因有三点。一是对获取的信息没有认真分析甄别，没有进行调查研究和去伪存真，这当中亦有迷信权威人士的影响，从而做了错误的决策。二是在决策前没有进行科学测算，对决策目标的真正成本及竞争能力没有进行定量分析，违背了决策的程序。三是对市场的需求没有弄清，违背了上帝的意愿，这是最为要害的。用地瓜制造出来的啤酒，根本不具什么独特味道，顾客说是"酸泡酒"，十分难喝。企业的生存与发展，全取决于顾客的满意，换句话说，企业如果能够提供满足顾客需求的产品或服务，就可以获得经营的成功了；反之，无论企业的产品尽管成本怎么低，顾客没有需求的，它始终卖不出去，企业就无法生存下去。

加藤从失败中吸取教训，在其日后的经营决策中注意科学性和程序性，使企业又获得了重生的机会，并逐步发展成为日本最大的啤酒公司之一。

把握市场的脉搏

市场的脉搏，是精明的商人非常注意把握的一个关键点。应该讲，最成功的商战都是紧跟市场而进行的一场智慧之战。李嘉诚的发迹，是靠地产和股市，而他在股市的表现，同样令人无法不折服。他的事业壮大，是一部中小地产商借助股市杠杆急剧扩张的历史。李嘉诚在股市的作风，一如他在地产业中一样，"人弃我取"，"低进高出"。

所谓"人弃我取，低进高出"，原是商场上的一种常识，战国时期的陶朱公就提出了这个经商的原则。陶朱公也就是辅佐越王勾践复国灭吴的大夫范蠡，他在功成名就之后，毅然辞去官职，与美女西施泛舟五湖，成了一位著名的商人。从那时至今已经 2000 年了。因此，问题不在于"人弃我取，低进高出"，而在于什么时候进，什么时候出，也就是如何把握市场脉搏。

李嘉诚所谓"人弃我取，低进高出"之可贵正在这里，他往往火中取栗，早一步或迟一步都可能遭受惨重的损失。这样的"人弃我取，低进高出"，必须有极高明的手眼，并达到胸有成竹不可。

1966 年底，低迷的香港房地产开始出现一线曙光，地价楼价开始回升。银行经过一年多"休养生息"，元气渐渐恢复，有能力重新资助地产业。地产商跃跃欲试，准备大干一场。

就在此时，中国内地波澜壮阔的"文化大革命"开始波及香港地区，并触发了香港的"五月风暴"。谣言四起，香港人心惶惶，触发了自二战后第一次移民大潮。

移民以有钱人居多，他们纷纷贱价抛售物业，一幢独立花园洋房竟贱卖60万港元。新落成的楼宇无人问津，整个房地产市场卖多买少，有价无市。地产、建筑商们焦头烂额，一筹莫展。

拥有数个地盘、物业的李嘉诚忧心忡忡，他不时听广播看报纸，密切关注事态发展。

香港传媒透露的全是"不祥"消息。李嘉诚知道，香港的"五月风暴"与内地的"文革"有直接关系。那时，不少内地群众组织的小报通过各种渠道流入香港，李嘉诚从中获悉，内地春夏两季的"武斗"高潮，自8月起，渐渐得到控制，趋于平息。那么，香港的"五月风暴"也不会持续太久。

经过深思熟虑的李嘉诚，毅然采取惊人之举：人弃我取，趁低吸纳。

李嘉诚又一次判断正确。内地"文革"结束后，邓小平主持中央工作，中共中央做出彻底否定"文化大革命"的决议。中共的决议，虽未涉及"香港式文革"，但香港经济界和知识界，都把那场"五月风暴"视为一场大灾难。

这次战后最大的地产危机，一直延续到1969年。李嘉诚逆同业之行而行，坚信乱极则治，否极泰来。

大规模移民潮虽渐息，而移民海外的业主，仍急于把未出手的住宅、商店、酒店、厂房贱价卖出去。李嘉诚认为这是拓展的最好时机，他把塑胶盈利和物业收入积攒下来，通过各种途径捕捉售房卖地信息。他将买下的旧房翻新出租，又利用地产低潮、建筑费低廉的良机，在地盘上兴建物业。

不少朋友为李嘉诚的"冒险行动"捏一把汗，同业的有些地产商，正等着看李嘉诚的笑话。

1970 年，香港百业复兴，地产市道转旺。有人说李嘉诚是赌场豪客，孤注一掷，侥幸取胜。只有李嘉诚自己清楚他的惊人之举，是否含有赌博成分。他是这场地产大灾难中的大赢家，但绝非投机家。

20 世纪 70 年代初，李嘉诚已拥有的收租物业，从最初的 12 万平方千米，发展到 35 万平方千米，每年租金收入为 390 万港元。

1972 年，股市大旺，股民疯狂，成交活跃，恒指急速高攀。李嘉诚借此大好时机，令长实骑牛上市。长实股票以每股溢价 1 港元公开发售，上市不到 24 小时，股票就升值 1 倍多。李嘉诚第一步迈进股市就是典型的"高出"。

接着，1973 年大股灾突然爆发，恒生指数于 1974 年 12 月 10 日跌至最低点，1975 年 3 月，股市形势好转，开始缓慢回升，深受股灾之害的投资者仍"谈股色变"，视股票为洪水猛兽。

这时，眼光独到的李嘉诚，看到了股市的升值潜力，因此，在当时低迷不起的市价基础上，亲自安排长实发行 2000 万新股，以每股 3.4 港元的价格售于他本人。

同时，李嘉诚还宣布放弃两年的股息，这既讨得了股东的欢心，又为自己赢得了实利——股市渐旺，升市一直持续到 1982 年香港信心危机爆发前。长实股升幅惊人，李嘉诚后来赢得的实利远远超过了当年放弃的股息，这就是"低进"。

"人弃我取，低进高出"是李嘉诚搏击股市的基本原则，他在这方面的实战案例不胜枚举。

1985年1月，李嘉诚收购港灯时，就是抓住卖家置地公司急于脱手减债的心理，以比前一天收盘价低1元的折让价，即每股6.4港元，收购了港灯34%的股权。仅此一项，就节省了近4.5亿港元。6个月后，港灯市价已涨到8.2港元一股，李嘉诚又出售港灯股权套现，结果净赚2.8亿港元。这就是低进高出，两头赚钱。

天水围之役，也是一次典型的"人弃我取，低进高出"战术运用实例。当时，由于港府的"惩罚性"决议，使天水围开发计划濒临流产，众股东纷纷萌发了退出之意。

早就看好天水围发展前景的李嘉诚，从其他股东手中折价购入股权。于是，便催生了嘉湖山庄大型屋村的宏伟规划，长实成了两大股东中最大的赢家。

1989年，香港股市一度低迷。1991年9月，李嘉诚斥资近13亿港元，购入一个有中资背景财团的19%股权。稍后，此财团收购了香港历史悠久的大商行"恒昌"。4个月后，这个财团的大股东"中信泰富"向财团的其他股东发起全面收购，李嘉诚见出价尚可，便把手中的股权售出，总价值15亿多港元，李嘉诚净赚2.3亿港元，低进高出，关键在于扣紧市场脉搏，眼光准，出手时机适宜。李嘉诚每一次大进大出，几乎都能准确地把握时机，预测股市未来的走势。

这似乎很神奇，其实不然。大凡股市的兴旺与衰微，大都与政治经济大环境有直接关系，大致有一定的规律性。古人云："功夫在诗外"，要研究这一规律，就要时刻关注整个国际国内大环境的时势变化。一般股民坐井观天，眼睛只盯着股价变化表，而不探究大势的变化。这样，就可能被表象、假象迷惑，时有被套住之虞，即使偶有斩获，也不过是侥幸罢了。

李嘉诚频频成为股市和地产大灾难中的大赢家，有什么秘诀呢？

客观地说，李嘉诚的行为是带着冒险性的，说是赌博也未尝不可。但是，李嘉诚的赌博是建立在对形势的密切关注和精确的分析之上的，绝非盲目冒险。

那么，他的判断依据是什么呢？

李嘉诚认为，任何一个产业，都有它自己的高潮与低谷。在低谷的时候，相当大的一部分企业都会选择放弃，有的是由于目光短浅而放弃，还有的是由于资金不足等各种各样的原因不得不放弃。这个时候就应该静下心来认真分析一下，是不是这个产业已经到了穷途末路，是不是还会有高潮来临的那一天。

如果这个产业仍处在向前发展的阶段，只是由于其他一些原因才暂时处于低潮，就应选择在这个"别人放弃的时候出手"了。这个时候出手可以少走很多弯路，从而以比较低的成本获得较高的收益。

俗话说：无风险不成生意。因此，做任何生意都不可能十拿十稳，多少有一点冒险成分。风险有多大？利益有多大？这就需要根据各种情况进行分析。一些胆子大的商人，只要有五成胜算就敢冒险；胆子小的，非有八成以上胜算便不敢采取行动。一般来说，风险与利益成正比。前者敢于冒险，

很容易倒大霉，也很容易暴发；后者比较稳妥，却难求快速
成长。

但有一种情况例外：当别人算到不足五成胜算，而自己却算到
有六七成甚至更高把握时，便意味着发大财的机会来了。李嘉诚正
是靠着这种机会快速发展的。当然，这取决于自己的分析判断
能力。

1893 年，杰克·史邦德出生于一个贫寒之家。为了生
存，他在 18 岁时来到一家大家具厂做技工。他干得很卖力，
不到两年时间便升为领班。不久他又升为家具厂厂长，把生
产管理得井井有条，不仅赢得了老板的赏识，也赢得了属下
的一致爱戴。杰克·史邦德积攒了一点钱，买了这家厂的股
票，想就此开创一番事业。

然而，1929 年美国的经济大萧条却让杰克的股票投资一
败涂地，工厂也倒闭了，他成了一个失业者。1931 年，经济
大恐慌的形势似乎好转了一点，但在这个时候来开设一家新
公司，尤其开设家具公司，在很多人看来，还不是时候。原
因是为了节省开支，不少家庭都"合并"了，不是父母搬来
和子女一起住，就是子女搬去跟父母一起住，如此一来，家
具的销路当然大为减少。

面对这样一种市场情况，杰克仍筹划开家具公司，很多
人笑他在发疯。他的妻子露丝一向对丈夫怀着坚定的信心，
也不禁产生了疑虑。

而杰克乐观的理由是：他一开始不求做多，但求做精。

经济固然萧条，但有些殷实的商人和贵族世家，并没有完全失去购买力，只要做的家具能中他们的意，照样肯出钱买。露丝听了他的分析，不禁信心大增。

"其实，这些还都不是我现在要开店的真正目的。"杰克带点神秘地说。"哦，"露丝好奇地问，"那么你的真正目的是什么呢？""我真正的目的是为将来着想，如果现在不设法把生意做起来，等到市场恢复了再做，就比同行慢了一步。"

杰克又进一步谈了他的想法，他认为这次经济萧条，就像是一次大地震，把很多历史悠久的企业都毁掉了，将来经济恢复之后，大家都要从头再来。他如果在这个时候成为家具制造业的一员，至少有两点好处：一、这次不景气过去后，政府一定会采取很多救济措施，他也可以有资格享受；二、他的"重质不重量"的经营方针，不但可以节省开支，而且可以趁此机会跟有钱的大户拉上交情。将来一旦生意好起来，这些人必定成为他的可靠顾客，同时在他们繁忙的社会活动中，有意无意间，会替他把公司的名声宣扬出去。

听了杰克的分析，露丝再也不说什么了。

新开的家具店看起来很不起眼，但它的名声却很快传播开来。因为杰克在波士顿开工厂时，已建立起很好的声誉，不管是家具零售商，还是材料供应商，都对他颇有好感，这使他的公司慢慢地走上了正轨，并成为当地最大的家具公司。

但是由于经济并未恢复，大家谋生都很困难，要开拓家具市场的确很不容易，本来就心存疑虑的露丝，此时发出了怨言。

一天晚上，夫妻俩爆发了结婚以来的第一次口角，而且吵得很凶，杰克拿起衣服愤然走了出去。他沿着一条较僻静的街道向前走去。这是通往郊外的街道，愈向前走愈暗。在前面不远的地方有一座桥，桥下面有一家杂货店，杰克因为仓促离家，忘记了带香烟，就到杂货店里买了一包。杂货店的老板正在拆卸一把长木椅子，看上去椅子还很新。杰克忍不住好奇地问："这椅子不是很好吗，为什么要把它拆掉？"

　　"你不知道，先生，"老板叹了口气，"这两天我儿子要带着孩子来跟我们一起住了，我把椅子拆掉，想给小家伙们钉张床。这年头日子难过，哪里有钱再去买床，所以不得不穷凑合了。坐可以随便一点，小家伙们睡觉总要有张像样的床才行。"

　　杰克望着被拆散的椅子出神，突然他心头一亮，一个新的想法跳了出来：如果能设计一种既能当椅子又能当床用的家具，这个问题不就解决了吗？就他所知，为经济所迫，家庭进行合并的情形太多了，正需要这类两用家具来应急。一下子，杰克找到了未来的发展方向。不久之后，杰克的沙发便问世了。这一经营方针的巨大改变，使杰克在经济大萧条期间，获得一枝独秀的发展，他生产的多用途家具呈现出供不应求的情形。

　　杰克非常清楚他现在制作的家具是过渡时期的产品，一旦经济恢复繁荣，大家的生活水准提高了，很少有人会再用这些东西，所以即使用再好的材料，它们的寿命也不可能长久。他采取"大量生产以减低成本"的方式，把所有的材料都裁成统一规格请工人钉起来就可以了。

　　杰克又考虑到，因为人们在买便宜货时固然高兴，但用不久就坏了话，他们又会马上骂做生意的人。倘若"查尔登公司的家具都是最差的"这一名声传扬出去，那将来他的生意就没有办法做了。在经过一番考虑之后，他又采取了两项措施：一是采取"样品陈列法"，二是"丑话说在前面"。

所谓"样品陈列法"，就是用上好的材料，用他自己的高超手艺做一部分高级品，陈列在他的店面和零售商那里，当然价钱贵得惊人，如果有人要的话，绝对有品质保证。至于"丑话说在前面"，就是告诉顾客，如果准备长期使用，就要买高级品；如果仅是为了应付当前的不景气，就不妨买廉价品，将来用不着时，丢掉也不会觉得可惜。

他这种诚实的作风，不仅赢得了消费者的信任，也使代销商对他产生了好感，即使在那种萧条情况下，大家也都愿意代销他的产品，而且有很多人都愿意预付货款，以供他周转。这使杰克的公司生产非常红火，规模越来越大，即使第二次世界大战时期也依然如此。到了战争后期，杰克决定投入所有的资金，建设一个现代化的家具厂。他认为随着战争的结束，会迎来一个经济增长的高潮，家具业会迎来一个黄金时代，现在就得做好准备。果然，战后随着经济的发展，那些采用人工生产的家具厂纷纷破产，而查尔登公司的家具价廉物美，很快占领了新的市场，成为全美规模较大的家具公司。

杰克·史邦德的成功一言以蔽之：逆向迂回。经济危机，市场萧条，杰克·史邦德逆市而动，抢占先机，正如他说的"我真正的目的是为将来着想，如果现在不设法把生意做起来，等到市场恢复了再做，就比同行慢了一步"。他从相反的方向，开出一条创业之路。

商机是创造出来的

机遇对每个人都是公平的，但是对于渴求成功的企业，机遇的质量重于数量。一个成功的商人，不但要善于选择对自身成长最有效用的机遇，主动放弃那些对成功帮助不大的机会，尽可能使机遇在成功之路上发挥出最大的作用，而且对机遇的到来必须要有敏锐的嗅觉和判断能力，一旦把事情审查清楚，计划周密，就不再怀疑，敢于当机立断、果断决策。这样，当别人对机遇的到来还麻木不仁时，你能捷足先登，抢占先机，就抓住了机遇，从而大获成功。

1973年3月，非洲国家扎伊尔有一股叛乱的军队借着月色逼近了赞比亚，一场激烈的战斗已经不可避免。日本三菱公司一个采购商获悉这一消息后，及时把消息电传公司总部，大本营立即命令各驻外分公司大量收购铜。此时的伦敦黄金交易所也得到了这一消息，然而并没有引起重视，交易所的铜价依然照旧。过了一段日子，叛军与政府军的拉锯战严重影响了铜矿生产，加之交通受阻，铜运不出来，致使铜价猛涨，此时，三菱公司便大量地抛售铜，从中赚得一笔巨额利润。

从这个事例可以看出，机遇隐藏在一切事物中，有时是一句话或一个看似不相关的事情就包含着一个成功的机会！三菱公司就是依靠当时的局势，迅速创造了机遇，并且牢牢地抓在了手中。

机遇确实很重要，因为它能改变人眼下的处境，甚至改变一生的命运。 对机遇，可谓人人皆盼之、求之……有种观点说"机遇可遇而不可求"。 其实，平白无故的机遇能"遇"到的不能说没有，就是有恐怕也是微乎其微，毕竟机遇不会无缘无故地降临。 机遇的出现，私营企业决策者只要有足够的勇气，睿智的脑袋，敏锐的观察力、判断力。 机遇就可以被创造出来。 善于等待机遇、抓住机遇是一种智慧，善于创造机遇更是一种大智慧。 据说亚历山大在一次战斗胜利之后，有人问他，是否等待机会来临，再去进攻另一个城市，亚历山大听了这话竟大发雷霆，他说："机会？ 机会是要靠我们自己创造出来的！"创造机遇正是亚历山大之所以成为亚历山大的原因。

要想学会创造机遇，必须具备超前意识和远大见识，在机遇来临前，便已看到了它的必然。 爱因斯坦曾说过："机遇只偏爱有准备的头脑"。 有准备的头脑指的就是个人的主观条件，包括个人知识的积累和思维方法的准备。 从客观条件讲，机遇的产生和利用需要有良好的社会环境，如自由的科研氛围，平等的择业、工作机会，良好的家庭环境和教育程度等。 牛顿见苹果落地，触发了灵感，发现了万有引力；伦琴在实验时，从手骨图像中，发现了 X 射线。 历史上无数科学家成功的例子告诉人们，一个始终在努力创造主观条件和改善客观条件的人，比那些只会等待机遇出现的人更容易捕捉到机遇。

1981 年，英国王子查尔斯和黛安娜要在伦敦举行耗资 10 亿英镑、轰动全世界的婚礼。消息传开，伦敦城内及英国各地很多工商企业都绞尽脑汁想利用这一千载难逢的发财机遇。有的把糖盒上印上王子和王妃的照片，有的把各式服装染印上王子和王妃结婚时的图案。但在诸多的经营者中，谁也没赚过一家经营"望远镜"的商号。这位老板想，人们最需要的东西就是最赚钱的东西，一定要找出在那一天人们最需要的东西。盛典之时，要有百万以上的人观看，将有一多半人由于距离远，而无法一睹王妃尊容和典礼盛况。这些人那时最需要的不是购买一枚纪念章、一盒印有王子和王妃照片的糖，而是一副能使他看清人和景物的望远镜。于是他突出生产了几十万副马粪纸和放大镜片制成的简易望远镜。那一天，正当成千上万的人由于距离太远看不清王妃的丽容和典礼盛况，急得抓耳挠腮之际，突然有人高声喊道："卖望远镜了，一英镑一个！请用一英镑看婚礼盛典！"顷刻间，几十万副望远镜抢购一空。不用说，这位老板发了笔大财！

机遇对任何人都是平等、公正的，就看谁抓得准、用得好。其实，在这个事例中，众多的英国商人也不是没抓准机遇，只是不如生产简易望远镜的那位老板更会创造机遇罢了。说到底还是那位老板比别人研究得更细一层，他看准了那一天人们最需要的东西——望远镜。

所以，卡耐基认为，一个企业家关键时刻一定要抓住机遇，更深一层地研究、利用机遇。同一机遇，谁都可以利用。

抢出来的赚钱机会

在强手如云的商业社会中，机会都是稍纵即逝的，只有先抓住它的人，才能把握成功。稍有经验的人都知道这样一个常识，在水的流量不变的情况下，流得快的水势能量大，因此在洪峰来临时，常常能见到咆哮的水，裹挟着平时看来不可能挪动的巨石飞速向前。竞争，在很大程度上是速度的较量。

20世纪末的中国，流行的时尚千变万化，让人目不暇接。在其中，跳舞毯、跳舞机挟雷霆万钧之势，由南到北，转眼之间席卷了全国。从年底开始，就不断有来自广州、上海、无锡、南京乃至北京等各地的消息说："跳舞毯卖疯了！"据了解，北京中关村电子市场的柜台上，一个商家热销时一天能卖出200多条跳舞毯。紧跟着，跳舞机也火了起来，许多商场、游戏厅都安上跳舞机大把敛钱。一时间全国上下，均被"跳舞"两个字弄疯了。

乍一听，一块毯子也能卖火，让人难以思量，其实这中间自有奥妙。

跳舞机的发明者是日本的 KONAMI 公司，过去一直排在日本游戏机行业的第4位，无法与任天堂、世嘉、南梦宫等公司相比，但该公司在发明了跳舞机之后，已成为该行业利润第一的游戏机厂商。

日本游戏机公司的通病是贷款比例高，它们为扩大生产规模而大举贷款，为了占领市场即使利润非常低也在所不惜。东南亚经济危机之后，几家大的游戏机公司逐渐支撑不住，纷纷裁员，一片退守势态。这给了 KONAMI 公司一个天赐良机，因为公司规模较小，受到的冲击不大，它利用自己的闲余财力大肆吸纳其他公司裁员下来的软件开发人员，并在市场的一片萧条之中，开发出自己的新游戏产品——跳舞机，一投向市场即受到热烈欢迎。这之后，跳舞机连同其孪生姐妹跳舞毯迅速在韩国及我国上海、北京等地传播开来。

当时最流行的跳舞机是 KONAMI 公司推出的 DDR 机型，跳舞毯则是从跳舞机分化出来并经过改良之后的产品，由游戏软件及可以插在电脑上的跳舞毯组成，相对于跳舞机，由于价格低廉而颇受欢迎。

KONAMI 为推出跳舞机，可谓大耗心血。为了组编机上的舞曲，他们特意推出一款音乐点歌机，免费提供给许多娱乐场所，并要求这些娱乐场所也不能收费，让消费者随意点播。当时，很多商家并不明白该公司葫芦里卖的是什么药，可是当 1998 年 KONAMI 公司正式推出跳舞机时，大家才了解到：当人们点歌时，记录就已经传送回公司总部，经过统计分析，公司知道人们最喜欢什么舞曲，因此跳舞机的成功凝聚了不少智慧与汗水。

在北京西单商场的地下游艺厅里，两台新安装的跳舞机已经排起了长队，不少衣着新潮、前卫的少男少女焦急地等待着在跳舞机上一显身手。正在疯狂跳舞的女孩按照屏幕上箭头所指方向不停地在踏板上移动双脚，屏幕上的电脑模拟小人也随着音乐翩翩起舞，箭头踩得越准，舞技便越高，相比之下，游艺厅里的其他游戏机大都受人冷落。北京的长安商场、双安商场、崇文百货都已安上了跳舞机，双安商场还在厂商的鼓动下颇有兴致地举行了跳舞机表演大赛。

小小一张跳舞毯，撬动了一个这么大的市场，值得深思。

这个案例给人的启示最重要的一条就是每个人的身边都是无限商机，关键在于你能否把握得住。跳舞毯的风靡，有点类似于早年的呼啦圈、电子宠物之类的小玩意儿，当然有了好的创意，还得有个好的切入点和时机，否则也是没有用的。

今天的市场竞争法则就是，仅仅满足消费者的需求已经远远不够，要取得市场的主动，你必须取得竞争的主动。市场即战场，先机即战机。你永远也不可能满足消费者，但你可以成为市场上的行业领导者，进而引领消费潮流。

随着市场竞争的加剧，经济活动的节奏越来越快，其结果是每个企业都感到用户对时间方面的要求越来越高。如果一个企业对用户要求的反应稍慢一些，很快就会被竞争对手抢占先机。因为对现在的企业来说，市场机会几乎是稍纵即逝，留给企业思考和决策的时间极为有限。所以私营企业更要抓住市场机遇，以求得更大的发展。

香港厂商抢占美国电话机市场的胜利就充分说明了这一点。在1982年以前，美国是禁止私人购买电话机的。美国的法律规定，所有的电话机用户，都只能向美国电话公司租用电话机，所有私人购买电话机的行为都是违法行为。可是电信业发展到1982年，这样的规定已不能满足人们的需求，更不适应电信业的进一步发展。于是，美国政府取消了电报公司的专利权，允许私人购买电话机。这一法律政策的转变，使得美国一下有了 8000 万个家庭及公司机构成了有可能购买电话机的主顾。在世界各地的厂商中，香港厂家是最先得知这一政策变化，并首先采取行动的。他们在得知美国电信行业的新政策后，马上就将原来生产收音机、电子表的工厂迅速转向，全部改为生产电话机。再将生产出的电话机迅速运往美国市场。结果其他国家和地区的厂家动作都没有他们快，他们以迅雷不及掩耳之势占领了美国的电话机市场。先行一步的回报是丰厚的，他们摘到了美国电话机市场这个大桃子，口袋鼓鼓。

弗兰西斯·培根有一段名言："机会在把前额的头发给你捉而你不捉以后，就要把秃头给你捉了，或者至少他先把瓶子的把儿给你拿，如果你不拿，它就要把瓶子滚圆的身子给你，而那是很难捉的。 在开端时善用机会，再没有比这种智慧更大的了。"

行军打仗讲究的是"制敌先机"，闯荡江湖讲究的是先抢码头，做生意就一定要有比别人更快的动作才行，因为商战不仅是力量的角逐，智慧的角逐，更是速度的角逐。 有速度，才有优势。